反日韓国という幻想

誤解だらけの日韓関係

澤田克己

毎日新聞出版

プロローグ：

「ソウル日本大使館前」慰安婦少女像の真実

「日本の不当な経済制裁を撤回させなければなりません！」
「日本は真の謝罪をし、反省しろ！」

２０１９年8月14日正午すぎ。慰安婦を象徴する少女像の建つソウルの「日本大使館前」には、日本批判の大きな声が響いた。だが、集会を見る私はむなしさを感じていた。熱気がなかったわけではない。ざっと数えると参加者は１５００人ほどにはなりそうだ。安倍晋三首相を批判する「ＮＯ安倍」というＴシャツを着た人たちの姿も目立った。この日は韓国で国の記念日に指定されて以降、2回目となる「慰安婦の日」であり、毎週水曜日に行われる「水曜集会」の１４００回目という節目でもあった。

さらに、日本政府による対韓輸出規制強化が7月に発表され、それに対する反発もあって、日本批判の声には力がこもっていた。

いつもの水曜集会は数十人規模なのだが、学生たちが参加しやすい夏休みである上、いくつもの要因が重なり、人数が膨れ上がったようだ。

ここでいくら声を上げても、安倍首相が耳を傾けるはずがない。私が「むなしい」というのは、そんな理由ではない。彼らが糾弾している「日本」が「見当たらない」ことに違和感を覚えたからだ。

これが「反日デモンストレーション」であるならば、日本に対する怒りをぶつける、物理的な対象物が必要なはずだ。「日本を代表する何か」の前でデモをする必要があるのだろうが、そんなものはそこにないのだ（9頁参照）。

壇上に上がった政治家や運動家が呼びかけ、参加者が大きな声で日本批判を唱和する。この日本批判はもともと、日本を対外的に代表する大使館に向けて発せられていた。水曜集会を主催する「日本軍性奴隷制問題解決のための正義記憶連帯（正義連、旧韓国挺身隊問題対策協議会＝挺対協）」は、そのために30年近く前から日本大使館前での水曜集会を重ね、日本大使館前への少女像設置を強行した。

だが、そこに日本大使館はもはや存在しない。建て替えのため4年前に取り壊され、すぐ裏のビル内に引っ越してしまったのである。2020年には地上6階地下3階の新大使館が完工する予定だった。けれども、実際には着工すらされないまま時がすぎ、日本政府が地元自治体から取得した建築許可は期限切れとなった。

いま少女像が向き合っているのは、背の高い工事用フェンスに囲われた空き地でしかない。大使館の入るビルは敷地の裏なので、少女像の視線のはるか先に日本大使館が「ある」と言えないこともないのだが、ビルの入り口は反対側だ。少女像との位置関係だと、背を向けていることになる。しかも大使館が入るのは8階から11階なので、むしろ日本大使館が少女像を見下ろす形である。

日本政府はこの土地にいずれ大使館を建設すると繰り返すものの、現実には放置している。少女像の存在がネックとなっていることは公然の秘密で、近い将来に大使館がここへ戻ってくると考える関係者はいない。少女像が姿を消すことなど、想像しがたいからだ。在韓大使館勤務の経験を持つ日本の外交官からは、在韓米軍司令部跡地への移転話がある米国大使館を引き合いに「新しい米国大使館の横に建てさせてもらえばいい。日米同盟なんだから」という冗談すら聞かれる。

私が2回目のソウル勤務を終えて帰国したのは取り壊しの直前だったので、工事用フェンスの前での集会を見たのは初めてだった。大使館の建物がなくなっているのは知っていたが、いざ現場に立ち会ってみると、違和感を禁じえなかった。

こうなると、いつまで「日本大使館前」と呼ぶべきかという疑問が出てくる。「日本大使館の前に建てた」という行為には大きな意味があるのだが、もはやそこに日本大使館は存在しない。

冒頭で「日本大使館前」とカギカッコ付き表記をしたのは、これが理由だ。毎日新聞でも、少女像の位置は「日本大使館敷地前」と書くようになってきたし、韓国メディアも、「跡」や「昔の」という意味の「イェッ」を付けて「イェッ日本大使館前」といつしか呼ぶようになってきた。なお、「イェッ」は韓国語固有の言葉なので、漢字表記はない。

現時点で日韓関係悪化の最大の要因を挙げるなら、戦時中に日本企業で働かされた元徴用工の訴訟ということになる。韓国最高裁（大法院）が2018年10月に日本企業に賠償を命じる判決を確定させたものだ。日本は、現在の日韓関係の法的土台となっている

1965年の日韓基本条約と請求権協定に反すると反発した。
判決は、韓国政府の従来の立場とも矛盾している。韓国政府は盧武鉉《ノムヒョン》政権だった2005年に請求権協定の及ぶ範囲を再検討し、慰安婦問題などは解決されていないと規定する一方で、元徴用工の問題は解決済みだと整理した。当時は青瓦台高官だった文在寅《ムンジェイン》大統領も参画した委員会での検討結果だ。

2018年の最高裁判決は、この点を巧妙に回避しようとしたとも考えられる。最高裁は、原告の要求について「日本政府の韓半島に対する不法な植民地支配と侵略戦争の遂行に直結した日本企業の反人道的行為」に対する慰謝料であって、「未払い賃金や補償を求めているのではない」と判示した。韓国政府が2005年に解決済みとした「未払い賃金など」ではなく、「不法な植民地支配」への慰謝料だというのだ。

これは、問題をさらに複雑化させた。併合条約が「当時は合法だったのか」、それとも「当初から不法なものだったのか」というのは日韓国交正常化交渉での最大の対立点だった。14年間の交渉でも決着できず、「すでに無効」という玉虫色の表現で棚上げされた。韓国最高裁はその難問をいきなり蒸し返したのだ。

文在寅政権は「司法の判断は尊重せざるをえない」として、実質的に放置した。しびれを切らした安倍政権は2019年7月、安全保障上の輸出管理で優遇対象となる「ホワイト国（後に『グループA』と改称）」から韓国を除外するなどとする、輸出規制強化を発表。「通商問題をてこに歴史問題での譲歩を迫ろうとした」と反発する文政権が、今度は日韓の軍事情報包括保護協定（GSOMIA、ジーソミア）破棄を通告した。失効直前に韓国側が翻意してGSOMIAは生き長らえたものの、日韓関係の本質的な改善が図られたわけではない。

この間、日本での対韓感情は悪化の一途をたどった。ヘイトスピーチや排外主義に反対する良識的な人びとの間ですら、韓国への感情は決して良好とは言えない。

一方で、男性グループ「防弾少年団（BTS）」に代表される第3次韓流ブームによって、日本の若者たちの間で韓国は「あこがれ」の対象になっている。BTSの人気は世界中に広がっており、日本の若者たちの感性は単に国際標準だとも言えるのだが、中高年にはまったく理解されていない。日本と韓国の相互理解がなくなっているだけでなく、日本国内でも世代によって見ている「韓国」は違う。

どうして、こんなことになっているのか。

本書は、多くの日本人にとって不可解な点を解き明かし、日韓関係を巡る疑問に答えようとするものだ。

現在の日韓関係を表現する適切な言葉は、冷戦終結後の構造的変化による「きしみ」だろう。日韓基本条約に基づく「1965年体制」とは、米国を中心とした冷戦下の疑似同盟だった。しかし冷戦は終わり、韓国は先進国になった。自らの国力伸長に目覚めた韓国が、新しい国際秩序を志向して動いている。これが基本的な構図だ。

日韓関係は次のステージを模索する段階に入っており、簡単には落ち着かない。それでも衝突ばかり続けるわけにはいかないから、対症療法的な手当をしながら時間を稼ぐしかないのだろう。そのことを両国が自覚し、きちんとした意思疎通を続けることが重要なのだが、それがうまくできていない。

こじれにこじれた日韓関係を象徴するのが「日本大使館前の少女像」だ。その少女像が実は、ソウルの日本大使館が取り壊された後の工事用フェンスに向き合って虚空を見つめている。その姿はなにか、かみ合わない日韓関係を象徴しているように見える。

日本大使館が取り壊された後、敷地を囲う工事用フェンスに向き合う少女像。大使館は左奥の建物内に移転しており、出入り口は反対側にある(2019年10月19日、著者撮影)

目次

6.32年ぶり文民出身の金泳三政権（1993～1998年）

朴正熙と全斗煥、盧泰愚は軍人出身だったため、金泳三は「32年ぶりの文民大統領」だと強調。「歴史立て直し」を政権のスローガンとし、旧朝鮮総督府庁舎の撤去などを進めた。1996年にOECD加盟を果たしたが、97年末には「IMF危機」と呼ばれる通貨危機に陥った。

7.対北太陽政策の金大中政権（1998～2003年）

北朝鮮との対話を基調とする「太陽政策」を掲げる金大中は、2000年に北朝鮮との初の首脳会談を実現させた。未来志向の日韓関係をうたう共同宣言を小渕恵三首相と1998年に発出。教科書問題や靖国問題での摩擦を抱えつつも、日本の大衆文化解禁を進めた。02年にはサッカー・ワールドカップ（W杯）を日韓が共催した。

8.386世代台頭の盧武鉉政権（2003～2008年）

金大中の後を継ぐ進歩派政権として、盧武鉉は北朝鮮との対話路線を追求したが、特に任期後半は日米両国との関係悪化によって苦労した。30代で、80年代に学生運動をした60年代生まれという「386世代」が存在感を増し、政権入りする人も多く出た。このグループは文在寅政権で中枢を占めるようになった。

9.保守巻き返しの李明博政権（2008～2013年）

「漢江の奇跡」を体現する経済人出身の李明博が、保守として10年ぶりに政権を奪還。日本とは良好な関係を築いていたが、憲法裁判所が2011年に慰安婦問題での政府の不作為を「違憲」としたのを契機に日本との対立が目立つようになった。翌12年の竹島上陸などで日韓関係は急速に悪化した。

10.父の影を追った朴槿恵政権（2013～2017年）

「朴正熙の娘」として人気を集めた朴槿恵は、権威主義的な姿勢や政策遂行のスタイルなどでも父を踏襲した。対日関係では慰安婦問題の進展を最優先課題に据えて日本との首脳会談にも応じなかったが、2015年に電撃的な慰安婦合意で解決を図った。親友に国政への介入を許したとして17年に弾劾された。

11.積弊清算に突き進む文在寅政権（2017年～）

朴槿恵を弾劾に追い込んだロウソク集会を「革命」と見る文在寅は、保守政権に連なる勢力を「積弊」や「（植民地支配に協力した）親日派の残滓」と規定し、清算を図ろうとしている。慰安婦合意に否定的立場を取ることや、元徴用工訴訟を巡って日本との関係は極度に悪化した。

参考:
韓国近現代の歴史と日本

1.日清、日露戦争から併合へ (1894~1945年)

朝鮮半島での権益争いだった日清、日露戦争に勝利した日本は、米国のフィリピン支配と日本の朝鮮支配を互いに認める協定を米国と締結(桂タフト協定)。1910年の日韓併合条約で朝鮮を植民地化した。「併合」とはされたが、朝鮮に大日本帝国憲法は適用されず、帝国議会の参政権も与えられなかった。

2.解放から李承晩政権へ (1945~1960年)

日本の敗戦によって植民地支配から解放された朝鮮は、38度線以南を米国、以北をソ連に分割占領された。分断は固定化され、韓国と北朝鮮という2つの国家が成立。韓国では独立運動家出身の李承晩が初代大統領となったが、1960年の不正選挙を契機にした抗議運動で失脚した。

3.クーデターで朴正熙政権成立 (1961~1979年)

1961年のクーデターで権力を掌握した朴正熙は、難航していた日本との国交正常化交渉をまとめ、65年に日韓基本条約を締結。日本からの経済協力資金を使って「漢江の奇跡」と呼ばれる高度成長を実現させた。一方で、民主化運動を強権で押しつぶす開発独裁路線でもあった。72年の憲法改正で独裁体制を強化したが、79年に側近によって殺害された。

4.朴正熙暗殺から全斗煥政権へ (1979~1987年)

朴正熙暗殺後に軍部内クーデターで実権を握った全斗煥は日米韓安保協力を進め、84年に韓国大統領として初めて訪日した。内政では民主化より経済開発を優先する朴正熙の姿勢を引き継いだが、冷戦体制の緩みの中で勢いづく民主化運動を抑えきれず、1987年に民主化を受け入れた。

5.民主化から盧泰愚政権へ (1987~1993年)

復活した大統領直接選挙では、民主化の闘士だった金泳三と金大中が候補一本化をできず、全斗煥の盟友だった盧泰愚が漁夫の利を得て勝利。天皇陛下は1990年、来日した盧泰愚に不幸な歴史への「痛惜の念」を表明した。金泳三は1990年に保守与党との政党合併に踏み切り、盧泰愚の後継者となった。

ブックデザイン――秦 浩司（hatagram）
ＤＴＰ――松嵜 剛
校閲――小栗一夫
写真協力――毎日新聞社

第1章

文在寅政権は「反日」なのか

『反日種族主義』大ヒットの理由

「日本が経済戦争をしかけてきた」という反感が韓国に広まっていた2019年夏。文在《ムンジェ》寅《イン》大統領の側近である曺国《チョグク》氏は、激しい日本非難をフェイスブック上で繰り返した。SNSを活用して「敵」をやりこめる発信は曺氏が得意とするもので、自らのスキャンダルが発覚した時には過去の発言がブーメランのように返ってきて窮地に追い込まれた。

その曺氏が8月5日に書き込んだのが、李栄薫《イヨンフン》元ソウル大教授らが書いた本『反日種族主義』への批判だった。いや、批判などというレベルではない。曺氏は「吐き気を催す本だ」と決めつけ、同書を評価する「一部政治家と記者を『反逆・売国の親日派』という呼び方以外のなんと呼べばいいのか、私は知らない」とこきおろした。

日本政府が輸出規制強化を発表したのが7月1日。その直後に発売された『反日種族主義』は絶好のタイミングで出た本として話題になっていたが、曺氏の書き込みで一気に注目度が高まった。グーグル・トレンドによると、「反日種族主義」という検索数が最も多くなったのは8月13日。その時点の検索数を100とすると、書き込みのあった5

日の検索数は15。だが翌6日には92へと急上昇し、増減を繰り返しながらも8月下旬まではその波が続いた。韓国の検索市場でグーグルのシェアは高くないが、傾向を見る参考にはなるだろう。

実際に、李氏の書き込み以降の売れ行きはすごかった。ソウル都心の大型書店・教保文庫の週間ベストセラー・ランキングで、書き込み直後に7位と初のトップ10入りを果たし、翌週から3週連続で1位となったのだ。文在寅政権に反対する保守派の集会は、都心の光化門広場付近で開かれることが多い。教保文庫は広場に面したビルの地下にあるため、集会参加者が帰り際にこの本を買っていく光景がよく見られたという。

朴槿恵《パククネ》大統領の弾劾騒動で保守派は分裂し、弱体化した。さらに文在寅政権によって「積弊」と決めつけられ、中央政府の官僚や公共放送の幹部も前政権に近いと見られればパージの対象となった。

文政権は「積弊清算」を最優先課題に掲げてスタートした。政敵とはいえ「清算」してしまおうとは強烈なキャッチコピーである。その反作用として保守派の反発は強まり、政権発足3年目に入ったこの年の夏、政権批判集会に数万人もの人々が集まるのも珍しくなっていた。文氏の支持率は歴代大統領の同時期と比べて高い方なのに、政権批判もまた歴代政権に対するものより過激である。それは、韓国社会の分断の深刻さを示しているのだろう。

『反日種族主義』という本も、こうした分断を体現したものだ。書きぶりが攻撃的で、著者の持つ怨念というか、文政権に代表される進歩派勢力への敵意が非常に強く前面に出た本という印象を受ける。

おもに取り上げられている内容は、日本人から見たら常軌を逸しているように見える「反日」。内容についての評価は後述するが、的を射ている点もある。ただ、資料の一方的な解釈が度を越していると思われる部分も目立つ。

もっとも気になるのは、著者の政治的立場を反映した選択的な記述である。代表は、初代大統領である李承晩《イスンマン》や、朴正熙《パクチョンヒ》路線の後継者たる全斗煥《チョンドゥファン》らの「反日」をスルーしていることだ。

韓国の保守派は李承晩を独立運動家出身の「建国の父」と規定するが、進歩派にとっては「日本の植民地支配に協力した親日派と結託した裏切り者」である。

実際の李承晩は激しい反日意識の持ち主で、公海上に一方的な「李承晩ライン」を設定して日本漁船を拿捕し、数千人の日本人漁民を抑留した。サッカー・ワールドカップ（W杯）の予選のためでも日本人の入国を認めなかったため、日韓戦が東京での2連戦になったこともある。この時は「サッカーなら絶対に勝てる」と説得されて韓国選手の日本行きを認めたが、「行ってもいいが、責任は取れ。もし負けたら、玄界灘にそのまま身を投げろ」と言い放ったとされる。

同様に触れられないものに、独立運動家への拷問を再現した人形など「反日的展示」で有名な独立記念館がある。全斗煥政権が、日本の歴史教科書問題を受けた国民運動を展開して作ったものだ。展示内容には首をかしげざるをえないものが少なくないのだが、これも問題視されることはない。日本語版では注釈で「主として19世紀後半以後の日本による侵略と、それに対抗した朝鮮人の独立運動に関する展示を行っている」と紹介されていた。

結局、『反日種族主義』で問題にされるのは進歩派の「反日」である。現在は保守派に分類される金泳三《キムヨンサム》大統領も俎上に乗せられているが、金泳三はもともと、李承晩、朴正熙と相対した民主化運動出身である。著者らの考える保守本流とは違うのだろう。

保守系大手紙・朝鮮日報のベテラン政治記者はこの本について「内容が素晴らしいとは言わない」と前置きしつつ、「こうした本が出てこざるをえないのは文政権による保守派攻撃がひどすぎるからだ」と釈明する。

『反日種族主義』という本は結局、文政権によってコーナーに追いつめられた保守勢力、その中でも現実政治で対抗するほどの力を持たない弱小グループからの反撃なのだ。決死の反撃だから、敵意を前面に出した極端な書き方になったのだろう。

韓国では政策論争などで「論理の開発」が大切だとされ、相手を言い負かすための論理構築が重視される。言葉の戦いで権力闘争を行ってきた朝鮮王朝以来の伝統が、民主化を経て復活したものだ。この本も主眼はあくまで文政権への反撃にあるので、「日本」はちょうどいいツールとして利用されたにすぎない。

この本は韓国で10万部を超えるベストセラーとなったが、11月に出版された日本語版の売れ行きは発売1カ月で30万部を超え。本国をはるかに上回る売れ行きとなった。

日本での驚異的な売り上げは「韓国人による反日批判」にカタルシスを感じる人の多

さを反映したものであろう。その気持ちも理解できるのだが、かといってこの本の政治性を等閑視してまで一方的にもてはやす風潮に、私は違和感を禁じえないのである。

『反日種族主義』に書かれなかったこと

『反日種族主義』という本を読んで思い出したのは、後に『帝国の慰安婦』を著した朴裕河《パクユハ》世宗大教授が2000年に書いた『誰が日本を歪曲するのか』（邦訳は『反日ナショナリズムを超えて』）という本だった。

日本が植民地時代に「朝鮮民族の精気を抹殺」するため、朝鮮半島の津々浦々に「鉄杭」を打ち込んだという荒唐無稽な主張や、朝鮮総督府の建物を解体した金泳三政権の倒錯した姿勢、「反日ならなんでもあり」の小説家や政治家――。これらへの厳しい批判は『反日種族主義』と共通している。

ただ、この2冊の読後感はかなり違っていた。前述した通り『反日種族主義』からは進歩派に対する強い敵意を感じたが、朴氏の本からはそういった「敵意」を感じなかった。

朴氏は韓国社会の根深い反日ナショナリズムを徹底的に批判したうえで、「盲目的な反日派や反韓派ではなく、必要な時には相手に対する『きちんとした』批判を容赦なくできる親日派と親韓派がもっと必要だ」と主張した。韓国社会へのいらだちはあったものの、特定の勢力を念頭に置いた敵意というようなものではなかった。

背景にあるのは、筆者の個性だけではなく、20年近い歳月の間に起きた韓国社会の変化だろう。韓国社会では1987年の民主化を経て、保守派と進歩派の対立が激しくなった。対立は朴教授の本が出た頃からさらに深まり、2003年に就任した盧武鉉大統領以降、李明博、朴槿恵という3代の政権下でどんどん先鋭化した。特に父親譲りの強権的姿勢と揶揄された朴政権下における社会の分断は激しく、文政権は「積弊清算」によってその分断と対立をさらに深刻化させた。

そうした分断の中で書かれた進歩派攻撃の書である『反日種族主義』には、李承晩らの「反日」を問題視しないという偏りだけでなく、資料の使い方でも首をひねらざるをえない点が見られる。その代表は、東南アジアの慰安所で働いた朝鮮人男性の日記についての記述である。

この日記はソウル近郊の個人博物館が古本屋で入手したもので、著者の李栄薫元ソウル大教授が所属する落星台経済研究所が内容を精査した。私は2013年8月、研究所側から公表前に資料提供を受け、毎日新聞に詳しい記事を書いた。

男性は朝鮮半島南東部・慶尚南道出身。1905年生まれで、1922年から1957年までの日記が残っていた。日記は、1年で1冊。慰安所で働いていた時期である1943年と1944年の日記が見つかったのだが、残念ながら朝鮮で慰安婦を募集したのであろう1942年を含んだ8年分の日記は見つからなかった。現場にいた第三者の記録といえる資料の発見は初めてで、非常に貴重なものだった。

私は記事を書くために2年分の日記を通読した。男性はその間、ビルマ（現ミャンマー）とシンガポールの慰安所で働いていた。個人的な思いを記すというより、慰安婦の管理や、軍や役所との折衝といった日常生活を淡々とつづった日記だった。

日記には「慰安婦を連れて連帯本部とその他3、4カ所に新年のあいさつに行ってきた」（1943年1月1日）や、連隊本部などから定期的に避妊具を受け取ったという記述が頻繁に見られる。「航空隊所属の慰安所2カ所が兵站管理に委譲された」（同年7月19日）などという記述もあった。

一方で、前線であるビルマと後方のシンガポールとの違いもうかがえた。シンガポールでの日記には、慰安婦の「廃業」や「帰国」、帰国した慰安婦への「送金」といった記述が多く出てくるが、ビルマでの日記にそうした記述はない。

ビルマではむしろ、「夫婦生活をするために（慰安所を）出た春代、弘子は、兵站の命令で再び慰安婦として金泉館に戻ることになった」（1943年7月29日）といった具合の記述がされている。師団司令部から慰安所の移転を命じられ、「慰安婦一同は絶対反対」したものの命令には勝てないという記述もあった。

男性はシンガポール在住時の1944年10月25日の日記に、元慰安婦が結婚したので「知己の人を呼んで祝賀の酒を飲むと誘われた」と記した。ビルマでは既に日本軍が敗走を重ねていた時期で、連合軍の尋問調書などによると、多くの慰安婦が巻き添えで犠牲になっていた。

この日記からわかることは要するに、慰安婦の境遇は落差が激しく、ひとことで「こうだった」とくくれるようなものではないということだ。

ところが『反日種族主義』は、日記に記されている「良い状況」だけを取り上げ、「悪い状況」には言及しない。著者の李元教授は植民地時代の資料を丹念に調べる実証主義的な経済史研究で、本来高く評価されるべき研究者なのだが、この日記に関する彼の記述はとてもフェアとは言えない。

日本語版に付けられた解説はさらに、男性の日記に「経営者が慰安婦募集をしていた実態が赤裸々に描かれていた」とまで書いている。だが、そうした記述があったであろう1942年の日記はまだ見つかっていないのである。もし見つかったら、当然大きなニュースとして報じられるはずである。

「文在寅は北朝鮮に操られている」は本当か

「北朝鮮の実像なんて知らなかったんですよ」

何の気負いもなく、当然のことのように穏やかな言葉が返ってきた。私は一瞬、どう問い返すべきか戸惑った。

1980年代後半の韓国学生運動を席巻した大派閥「主体思想派」の創設者で、リーダーだった金永煥《キムヨンファン》氏。かつて「鋼鉄」という別名で知られた男性は、そんな雰囲気などみじんも感じさせない穏やかな表情で、私に人懐こい笑顔を見せていた。

オフィスと住宅が混在する、ソウル市内の地下鉄駅近くのコーヒーチェーン店。その2階で平日の昼下がりに向き合った元闘士は、間違っても周囲の注意をひきつけることなどなさそうな、平凡な中年男性に見えた。

主体思想は、北朝鮮の金日成《キムイルソン》独裁体制を正当化するための理論である。主体思想派の全盛期だった1989年、ソウルへ語学留学した学生時代の私は、主体思想派のニュースを見るたびに首をひねっていた。当時の韓国はまだ先進国水準には遠かったけれど、それでも経済成長にわく活気あふれる社会だったし、2年前に民主化も実現していた。だから、素直に「なんで北朝鮮なんかにあこがれるのだろう」と不思議に思った。

しばらく忘れていた疑問を思い出したのは、当時の学生運動リーダーたちが文在寅政権の中核を占めているからだ。

文政権は一部の保守派から「主体思想派の政権だ」と攻撃されている。1953年生まれの文在寅大統領自身は世代的に違うのだが、周辺に布陣する主体思想派出身者が権勢を振るっているとされる。

だから、「主体思想派のゴッドファーザー」と呼ばれる金氏に話を聞いてみたくなった。金氏は1990年代初めに平壌へ密航して金日成と面会した後、北朝鮮の現実に失望して思想転向し、今度は一転して北朝鮮の民主化を目指す活動家となった。そのための地下活動をしていた中国で2012年に長期拘束され、拷問を受けたことで外交問題になったこともある。「鋼鉄」というのは学生運動をしていた時のペンネームだが、外見とは裏腹に現在も鋼のような精神を維持しているのだろう。

そして、なぜ「北朝鮮にあこがれたのか」という私の問いへの答が、冒頭に紹介した「北朝鮮の実像なんて知らなかった」である。金氏はさらに「当時は情報統制が厳しかった。北朝鮮だけじゃない、ソ連や中国の社会についても情報は何もなかった。純粋に、理論として主体思想はいいものだと考えたんだ」と続けた。学生運動の中でマルクスやレーニン、従属理論などさまざまな思想を勉強したけれど違和感が残り、最後にたどりついたのが主体思想だったのだ、と。当時の韓国では禁書だったが、特例として閲覧を許されていた研究者にコピーしてもらうなどの方法で主体思想を学んだという。

そこまで聞いて私は納得した。金氏がソウル大法学部に入学したのは1982年。当時は冷戦のまっただ中で、韓国では北朝鮮を敵とする厳しい反共教育が行われていた。冷戦体制下の韓国は東西対立の最前線に位置づけられており、ソ連や中国をはじめとする社会主義諸国とは国交すらなかった。北朝鮮に関する情報が一般に解禁されたのは、1998年に金大中《キムデジュン》政権が発足してからのことだ。

「主体思想」になびく韓国の民族派

主体思想は、ソ連と中国という社会主義圏の二大勢力の間で北朝鮮が生き抜いていくために作られた理論である。主体というのは、朝鮮史で対中従属の意味で使われる「事大」という言葉の反義語だ。大国の思惑に翻弄されてきた歴史を背景に「自らの運命は自らが決める。そのためには強いリーダーが必要だ」という理屈で、金日成独裁を正当化した。大国の思惑に振り回されてきたのは韓国だって変わらない。そもそも南北分断がそうだし、日本の植民地に転落したのも日米中露という周辺大国のパワーゲームの結果である。後述するように、こうした思いは保守派にだって共有されていたし、現在も共有されている。そして当時の学生たちは、日本の支配に協力した裏切り者（親日派）が独立後にも政治・経済の両面で重用されてきたことを日米への従属の結果だと考えていた。

実際には、北朝鮮が理想郷などではないという情報は当時の韓国にもあふれていた。ただしそれは、軍部内クーデターで実権を握った全斗煥政権による反共教育の教材としてだ。社会の矛盾に怒る学生たちには、プロパガンダだとしか受け止められなかった。そうであるならば、「自らの運命は自分で決める」という考えが魅力的に見えるのは当然だろう。「韓国は当事者だ」と主張して、朝鮮半島を巡るパワーゲームの「運転席」にこだわる文在寅大統領にも通じることだ。

金永煥氏は1985年初めに一人で主体思想を学び始めたが、その年の夏休みにはソウル大の地下サークルに40人ほどが集まるようになっていた。金氏は翌年3月、自らを「NL（National Liberation＝民族解放）」と称する最初の主体思想派学生組織「救国学生連盟」を結成した。ソウル大の教室で開いた結成式に集まったのは100人余りだったという。

金氏は1986年11月に逮捕され、国家保安法違反の罪で投獄された。金氏が獄中にある間に急速に盛り上がった民主化闘争の中で、NLは「大統領直接選挙という分かりやすいスローガンを掲げてデモを主導することによって、学生運動はもちろん、社会的運動の指導層を掌握した」という。大統領直接選挙は1987年12月に実現し、1988年夏にはソウル五輪も開かれた。民主化実現と五輪の時期を獄中で過ごし、同年末に釈放された金氏は著書に「出所すると、世界は変わっていた」と記した。

それでも金氏の主体思想信奉は変わっていなかった。金氏は出所後に北朝鮮スパイから接触を受け、北朝鮮の支配政党である朝鮮労働党に入党した。そして前述したように北朝鮮の現実に幻滅して思想転向し、現在は北朝鮮民主化を求める活動家に転じている。今では若い人たちから「当時の韓国が情報統制されていたとしても、なぜ北朝鮮を崇拝することになったのか？ 到底理解できない」という質問を受けることが多いそうだ。30年前の私と同じ疑問を、現代の韓国の若者たちも抱くようになっている。

一方で文在寅政権の中軸は、金氏の仲間だった「八六世代（1980年代に学生運動を担った1960年代生まれ）」によって占められている。当然、最大派閥だったNL出身者が多いから、保守派から「主体思想派だらけ」と言われるのだ。

私は金氏に「文在寅政権にＮＬ出身者が多いことは、政策的になんらかの影響を及ぼすのだろうか」と聞いた。返事は「北朝鮮を正面から批判するのをためらう心理はあるのではないか。若い時に強く支持していた相手を全否定するのは簡単ではない」というものだった。若い時にのめり込んだ思想へのノスタルジーは、なかなか消えないということだろう。

ただし一部の保守派による「文政権は北朝鮮に操られている」という主張には無理がある。金氏は穏やかに「そんな時代ではない。（北朝鮮支持の）地下政党がきちんと存在していたのは、もう昔の話だ」と否定した。この点については、韓国の政情を熟知する日本外務省のエキスパートも「北朝鮮にそんな影響力は残っていない」と断じる。安易な陰謀論を語る人には注意した方がいい。

金大中政権が北朝鮮に関する情報を解禁し、２０００年の南北首脳会談以降は直接接触による大量の情報が韓国社会に流入した。そして多くの韓国人が、かつての金氏のように北朝鮮の現実に幻滅した。第４章で詳述するが、今や早期統一を支持する世論は完全な少数派だ。文政権は「平和共存」というスローガンを掲げるが、「共存」とは「統一しない」ことを前提にしたものである。

1980年代後半から90年代前半の学生運動で主流だった主体思想派だが、現在の韓国で自らを「主体思想派だった」と語る人はほとんどいない。これもまた、北朝鮮に対する微妙な心理の反映だろう。金氏は例外的存在で、普通は「NLだった」と言う。金氏に疑問を投げかけると「主体思想派というのは公安当局やマスコミが付けた名前で、自分たちではNLと言っていたからね。NL内にも非主体思想派はいたけれど、きわめて少数だった。だから基本的にはNLと主体思想派は同じだと考えていいよ」と苦笑した。

文政権についてさらに踏み込むならば、日本との軍事情報包括保護協定（GSOMIA、ジーソミア）を破棄しかけたことも「主体」の延長に見える。米国が明確に日韓GSOMIAを支持すると表明していたのを無視することは、今までだったら考えづらい。日本では「韓国が日米と距離を置く」というと中国接近かと考える人も多いが、文政権は中国との関係改善にもそれほど力を入れていない。保守派からは「米国、日本、中国のすべてと関係が悪くてどうするつもりなのか」と批判されるほどだ。

文政権高官はGSOMIAを終了させると決めた時に記者団への説明で「国益を考える際には、名分と実利に加えて、国民の自尊心を守ることも重要だ」と語った。文政権に近い政治学者は私の取材に「国としてのプライドの問題だ」と話した。青瓦台内では、米国があわてて仲介に出てくるはずだという期待があったのだが、博打であることは分かっていたはずだ。国家の安全保障をもてあそぶかのような危険な選択の背景には、やはり「自主」「主体」を感じてしまうのである。

国防予算を拡大する文在寅政権

日本では「左派イコール平和主義者」というイメージがあるが、文在寅大統領は少なくとも、軍隊を持たないコスタリカを理想とするような意味での平和主義者ではない。文氏は２０１７年5月の就任演説で「確固たる安保は強い国防力から始まる。自主国防力を強化するため努力する」と表明した。そして文政権下での国防予算は２０１８年が前年比７％増、２０１９年が８・２％増となった。２０２０年も予算案に軽空母開発費が盛り込まれて前年比7・4％増となり、初めて50兆ウォンを突破する大型予算を組んだ。為替レートによって変わるが、5兆円台前半である日本の防衛予算と肩を並べる額だと言ってよい。李明博《イミョンバク》、朴槿恵両政権の9年間は平均4・73％増だったので、文政権下での伸び率は極めて高いことになる。

キーワードは「自主国防」である。長期的には韓国が独自に自国防衛をできるように、米軍への依存を減らしたいという考えで、文氏が政権中枢にいた盧武鉉政権でも重視された。盧政権下でも国防予算の伸び率は毎年8％以上に達していた。

もともとは朴正煕政権が打ち出した方針だが、その後の保守政権では顧みられなかった。朴正煕の政策の背景には、1968年の北朝鮮ゲリラによる青瓦台襲撃事件に米国が強い反応を示さなかったことや、韓国の反対を押し切って、1970年代初めに在韓米軍の一部を撤退させたことで対米不信を強めたことがあった。

朴正煕は、在韓米軍の兵力を維持してもらうために1964年からベトナム戦争への派兵にまで応じていた。それだけに裏切られたという感覚が強かったのだろう。後述するが、朴正煕も「自主」や「主体」を強調した大統領であり、そうした思いは盧氏や文氏と共通している。

ただし、韓国の置かれた安全保障環境は厳しく、「自主」を追及するにも限界がある。北朝鮮と軍事的に対峙する現状では、どうしても米軍に依存しなければならない。それゆえ米韓同盟をないがしろにはできない。GSOMIAの破棄を土壇場で撤回したのは、自主を追求したいけれど突き抜けるわけにはいかないという事情を反映している。

外交政策も同じことだ。文氏の外交政策ブレーンである金基正《キムギジョン》延世大教授は、大統領選期間中に行った私とのインタビューで「盧武鉉政権の教訓」を強調した。盧政権は南北関係をもっと前に進めたかったのに、日米との関係悪化が足かせになったという反省だ。盧政権の後継者を自認する文政権の最重要政策は南北関係改善であり、そのためには日米、とりわけ同盟国である米国との良好な関係維持が必須だということだった。

金氏の言葉通り、発足当初の文政権は日米との関係を極めて慎重に扱った。選挙戦では慰安婦合意の再交渉まで口にしていたが、当選後は封印。合意の検証チームがまとめた報告書は、朴槿恵政権の青瓦台が当事者無視の交渉を水面下で進めたことを非難することに主眼を置いたものとなった。検証結果を受けた文政権の立場は「合意で解決されたわけではないけれど、再交渉を求めることもしない」という極めて歯切れの悪いものだった。財団の解散などに踏み切るのは、もっと後のことである。

2018年初めに南北対話が始まり、はた目には北朝鮮ペースに引きずられて前のめりになっているように見えた時も、実際には米国との事前協議を欠かさなかった。韓国政府当局者たちは「米国がOKと言ったことしかやっていない」と力説し、ソウルの米国大使館幹部が「韓国がどんどん事前協議を持ちかけてきて、うるさいくらいだ」と話すほどだった。日本政府もそれを知っていたから、北朝鮮情勢に関する情報に接する当局者たちは「文政権は意外と現実的だ」と評価していた。

なぜ韓国は北朝鮮を敵視しないのか

異変が広く感知されたのは、半年間で3回目となった平壌での2018年9月の南北首脳会談である。特に問題だったのは、首脳会談に合わせて南北の国防相が署名した軍事分野合意書だった。最前線である軍事境界線周辺の飛行禁止区域設定など、安全保障の観点から問題のある内容が盛り込まれているうえ、米国との事前協議が十分に行われていなかったからだ。

韓国の康京和《カンギョンファ》外相は10月10日の国会答弁で、首脳会談の結果を電話で伝えた際にポンペオ米国務長官から不満を示されたことを認めた。康氏は「（ポンペオ氏が不満を）強く表明したとは言わないが、十分に説明を受けなかったことへの不満を示した。また、多くの質問があった」と語った。さらに韓国紙・中央日報は同月12日、韓国国防省が在韓米軍に合意書の内容を説明したのは署名3日前だったと暴露した。韓国政府消息筋は同紙に「国防省は在韓米軍に『文言をめぐって南北が最後まで綱引きをしたため（米国に）伝えるのが遅くなった』という趣旨の遺憾の意を同時に伝えた」と語ったという。

北朝鮮情勢をウオッチする外交筋は「韓国政府の姿勢に変化を感じるようになったのは9月に入った頃だ。それまで『核問題は米国にやってもらう。南北は核問題とは別にできる範囲のことを進める』と言っていたのが変わった。南北関係に前のめりすぎないかと指摘すると、『南北関係を進めるのは核問題解決を後押しするためだ。核問題解決が大事だと思わないのか』と反論してくるようになった」と語る。具体的な理由は分からないものの、9月の南北首脳会談を契機に変化が表面化したと見る専門家が多い。

伏線となるのは、文氏がこだわってきた「運転者論」だろう。朝鮮半島の問題は当事者である自分たちが主体的にかかわっていくべきだという「自主」「主体」の議論である。文氏は大統領選期間中に米紙ワシントン・ポストのインタビューで「米中の議論や、米国と北朝鮮の対話を後部座席から見ているという状況は、韓国にとって望ましいものではない」と語った。

就任後には、史上初の南北首脳会談を実現させた金大中元大統領について「朝鮮半島問題の主人は私たち自身であると身をもって実践的に見せてくれた」と話し、「私たちが運転席に座って周辺国との協力に基づいて問題を引っ張っていけることを見せてくれた」と称賛した。

そして就任1カ月後に行った初の米韓首脳会談で、トランプ米大統領から「朝鮮半島の平和統一へ向けた環境を作るにあたって韓国の主導的役割を支持」という言質を取り付けた（米韓首脳共同声明）。文氏はこれに勇気づけられたのか、翌日の在米韓国人との懇談会では「周辺国に頼るのではなく、私たちが運転席に座って南北関係を主導していく」

と意気込みを見せた。

それでも北朝鮮が核実験や長距離弾道ミサイル発射を繰り返す中では何もできずにいたが、2018年に入って状況は一変した。まず南北対話が進み、韓国が仲介する形で史上初の米朝首脳会談が実現したのだ。想定を超える大きな進展であり、第2次朝鮮戦争の危機が語られた緊張状態は一気に過去のものとなった。韓国の国民にとって戦争の再来は悪夢でしかないから、文大統領の支持率は就任2年目としては異例の高さである70%超となった。

そして、文政権の外交からそれまでの慎重な姿勢は失われた。自分たちが「運転者」として米朝関係を改善し、朝鮮半島情勢に画期的な変化をもたらす契機を作ったという高揚感に酔っているようだった。

それを象徴するのが、9月の南北首脳会談の日程調整をする特使訪朝の前日にセットされた米韓首脳電話協議に関する青瓦台の説明だ。青瓦台スポークスマンは「トランプ大統領は文大統領に、米国と北朝鮮双方を代表するチーフ・ネゴシエーター（首席交渉者）になって役割を果たしてほしいと要請した」と説明したのだ。韓国メディアはこれを受けて「トランプも認めた『首席交渉者　文在寅』注目される非核化の仲介役」（聯合ニュース）などと報じた。

対日外交でも同じことが起こった。前述したように文氏は慰安婦合意で「解決されていない」と主張しつつも、現実には何もせず放置していた。それが9月25日の日韓首脳会談で変わった。文氏は安倍晋三首相に対して、合意に基づいて設立された財団が「正常に機能しておらず、枯死するしかない状況だ」と述べて解散を示唆したのだ。財団は結局、日本側とのきちんとした相談もないまま翌2019年7月に正式解散となった。

2018年10月には韓国最高裁（大法院）が、元徴用工への慰謝料支払いを日本企業に命じる判決を出した。判決の出た日に会った韓国外務省高官は私に「日本企業に実質的な損害が出なければ外交問題化を防げる。少し時間はかかるかもしれないが、なんとかしなければ」と語り、日本側の懸念を理解している姿を見せた。

実際に外務省と知日派である李洛淵《イナギョン》首相を中心に対応策を探ろうという動きが始まったものの、青瓦台の動きは鈍かった。むしろ首相らの動きを牽制するような発言が青瓦台高官から出る始末だった。対北朝鮮政策を進めるために日本との関係にも神経を使っていた同年夏までの文政権なら、少なくとも日本の神経を逆なでするような対応はしなかったように思える。

日米からの自立にかける韓国の「本気度」

大国の思惑に振り回されない「自主」や「主体」という考え方に魅了されるのは保守派もあまり変わらない。軍事クーデターで権力の座に就き、民主化運動を弾圧しながら側近に殺されるまで19年間にわたって政権の座を維持した朴正熙の言葉からも、そうした傾向はうかがえる。

１９６１年にクーデターを起こした後に選挙という形式を踏み、１９６３年に大統領となった時の就任演説を見てみよう。

「国民は一人ひとりが自主的な主体意識を涵養し、自身の運命を自ら切り開いていくという自立、自助の精神を確固にし、この地の民主と繁栄、福祉社会を建設するに当たって民族的主体性と国民の自発的積極参与の意識、そして強靱な努力の精神的姿勢を正さねばならない」

この演説では「自主」という言葉が3回、「主体」が2回使われている。1972年に大統領権限を大幅に強化して独裁色を強めた「維新体制」を発足させ、新たに大統領として選出された際の就任演説でも「民族の自主性」という言葉を繰り返した。

朴正熙はクーデターを起こした後、米国からの支持取り付けに奔走する。冷戦下の韓国は安全保障面で米国に強く依存しており、米国からの支持なしでの政権維持など不可能だったからだ。そして国民からの「屈辱外交だ」という強い反発を戒厳令で押しつぶすことまでして、1965年に日本との国交正常化に踏み切った。

日韓の国交正常化は、共通の同盟国である米国からの強い圧力によって実現したものだ。米国は当時、ベトナム戦争への泥沼の介入を始めていた。ブッシュ（子）政権で国家安全保障会議（NSC）アジア部長を務めたビクター・チャ氏は日米韓関係を「疑似同盟」と評した著作で、日韓国交正常化の背景を次のように説明する。「最も重要なのは、米国がヴェトナムへの介入の度を深めていたために、東アジアに反共の前線を築くためには両同盟国の間を早急に和解させることが最優先とされたことである。つまり、両国間に歴史的反目があろうと、両国あるいはリーダーシップが否定的、肯定的な姿勢をとろうと、この時期に条約は妥結していたのである」（ヴィクター・チャ『米日韓　反目を超えた提携』）。

朴正熙にとっては、経済開発に必要な資金と技術を日本から得るという目的が大きかった。チャ氏は、外相（外務部長官）として交渉を妥結させた李東元《イドンウォン》からの聞き取りに基づいて「朴正熙は、李東元を外務部長官に指名するにあたって、日本との国交正常化を最優先課題とし、この政策の目的は日本から過去への陳謝を引き出すことではなく、国家経済を成長させることだと指示していた」と記している（前掲書）。国交正常化によって日本から5億ドルの資金供与を得た朴正熙は、民主化より経済発展を優先させる開発独裁によって「漢江の奇跡」と呼ばれる高度経済成長を実現させた。

弱小国である韓国としては日米に依存するしかない。米国だけに依存するより、日本にも足場を確保しておこうという決断をしたわけだが、その一方で演説を見れば強い民族ナショナリズムの持ち主であったことも明白だ。日本の陸軍士官学校を卒業し、日本に多くの知己を持つから日本との関係を重視した親日的な人物だなどという単純なものではない。

前述したように朴正煕は1960年代末以降、同盟国である米国への不信から、自主国防路線を取る。米中接近と米ソのデタントという国際政治の流れが背景にあったので、「見捨てられ」懸念は北朝鮮の金日成も同じだった。南北は1972年、相互に特使を派遣する極秘交渉を経て「自主・平和・民族大団結」という統一に関する三大原則を盛り込んだ共同声明（7・4声明）に合意した。韓国中央情報部（KCIA）で北韓局長を務めていた康仁徳《カンインドク》氏（後に統一相）は声明の草案を見せられた時、「自主」と「平和」の順番を入れ替えるよう主張したが、聞き入れられなかったという。

主体思想派を創設した金永煥氏を国家保安法違反で投獄し、民主化運動を弾圧した全斗煥大統領も民族ナショナリズムの面では大差ない。朴正煕暗殺後に軍部内クーデターを起こして実権を握り、大統領になって最初の新年辞（1981年）で、新生韓国について「世界史の堂々たる主体として活躍する民主民族国家でなければならない」と述べている。

朴正煕の娘である朴槿恵氏も2013年の大統領就任演説で「今日の大韓民国は国民の努力と血と汗で成されたものだ」と指摘するとともに、リーマンショック後の世界で韓国が直面する状況について「今回の挑戦は過去とは違い、私たちが自ら新たな道を切り開いてこそ克服していける」と語った。「第2の『漢江の奇跡』」を起こすと言いきる姿は、父親の民族ナショナリズムをほうふつとさせた。

保守派の方が進歩派より現実主義的であり、必要に応じて民族ナショナリズムを抑えることができるとは言えるだろう。特に米国との同盟関係、そして日米韓の協力が安全保障上の利益につながるという感覚は、保守派に強い。ただGSOMIA破棄を文在寅政権が思いとどまったように、進歩派にとっても米韓同盟は依然として重い。結局、民族ナショナリズムと米韓同盟に対する矛盾した思いは保守派と進歩派で共有されている。

一方で日本との国力差が大きく縮まったことで、保守、進歩の違いを超えた民族ナショナリズムは強く刺激された。そのことが、両国関係の展望をより難しいものにしている。日本には「文政権の次が保守になってくれれば関係改善される」という期待感があるが、根拠のない一方的な期待は裏切られるだけだ。日本の一部で「朴正熙の娘だから」という根拠なき期待を持たれた朴槿恵氏が、大統領就任当初に見せた姿勢を思い出した方がいいだろう。

文在寅の韓国は「完全に新しい国」

文在寅大統領は2017年5月の大統領選で勝利を宣言した時、「私を支持しなかった人たちにも仕え、国民を統合する大統領になる」と強調した。だが実際に力点を置いたのは、過去の保守政権が積み上げてきた社会的誤りを正すという「積弊清算」であり、保守派と進歩派の対立が深刻だと言われてきた韓国社会の分断をさらに深める結果を生んだ。

政権発足当初にターゲットとなった「積弊」には、日本に直接関係するものが2つあった。2015年の慰安婦合意と、朴槿恵政権の青瓦台が元徴用工訴訟の進行を遅らせるよう最高裁（大法院）に働きかけていたという疑惑だ。慰安婦合意をまとめるための交渉を通じて日本側から信頼されるようになっていた人々が刑事責任を追及されたり、失脚したりする姿は、日本政府関係者らに衝撃を与えた。

ただし、積弊清算は日本がらみに限ったものではなかった。大統領退任後の盧武鉉氏を家族の不正に対する捜査で追いつめ、自殺に追い込んだと進歩派が考える後任の李明博政権への追及も厳しかった。1980年代末から何回も真相解明と責任追及が行われてきた光州事件も、改めて問題にされている。

積弊清算の動きを後押ししたのは、韓国で初めての弾劾裁判によって朴槿恵大統領を罷免に追い込んだという高揚感だ。朴氏の辞任を求めるソウル都心での集会には100万人ともされる市民がロウソクを手に集まり、その後の流れを決定的なものとした。後に文在寅政権の中枢に入ったある政治家は東京で会った私に、「文在寅氏はロウソク集会に大きな借りがあると考えている」と語った。既に大統領当選が見えてきた時期の会話で、文氏が政権を取ったら積弊清算を強力に進めることになると予言したのだった。

文氏は、朴氏が弾劾訴追された後の2017年1月に大統領選をにらんだ対談本を出した。そこで強調したのは「韓国政治の主流勢力を交代しなければならない」ということだ。

前提となる認識は次のようなものだ。朝鮮王朝時代に権力を私物化した勢力が国を滅ぼして日本の植民地に転落させたのに、その勢力は植民地支配に協力する「親日派」となって利権をむさぼり、日本の敗戦によって植民地支配から解放された後には「反共」というお面をかぶって独裁勢力になった。そうした勢力をきちんと清算してこなかったから、彼らが依然として韓国社会で既得権を握っている。

日本の植民地だった時代に高等教育を受け、官僚になったり、産業を興したりした人たちの流れをくむ右派勢力が、独立後の韓国で重用されたことは事実だ。左派勢力の政治攻勢に対抗するための正統性を必要としていた彼らは、在米の独立運動家として名声と正統性を持っていた李承晩と協力する道を選んだ。米国の後押しはあったけれど、中国や朝鮮内で独立運動をしていた勢力の中に政治基盤を持たなかった李承晩にとっても、右派勢力との協力は必然だった。初代大統領となってからの国家運営には、高い教育を受けた人びとの力が不可欠だったという現実的な側面も否定できない。李承晩本人は強い反日感情を持っていたが、いまでは進歩派から「親日派の父」と批判されている。

日韓国交正常化後に日本の資金や技術協力を得て産業化を進めたのもこの人たちである。一方で、日本を相手に独立運動を戦い、その後は軍部独裁に反対する民主化闘争を担ってきた勢力が相対的に報われていないという意識を持つことも、一概に否定するのは難しい。近年の進歩派には「江南左派」と呼ばれる富裕層が少なくないのだが、少なくとも理念としては「既得権保守と報われない進歩」という対立軸なのだ。

主流交代という考えは、文在寅氏だけのものではない。与党内には主流交代について「盧武鉉大統領の時に芽吹いたものを、文在寅大統領の時に実を結ばねばならない一種の課題だという共感ができている」のだという（「文化日報」電子版2018年7月11日）。文陣営の共同選対本部長だった李海瓚《イヘチャン》元首相が2017年の大統領選終盤の遊説で発した言葉は、それを象徴するものだった。

他候補に支持率で大きな差を付けて楽勝ムードが漂い始めた時期だった。李氏は「選挙はもう終わったようだ」と軽口をたたきながら、文在寅政権になったら「極右保守勢力が再びこの国を壟断できないよう徹底的に壊滅しなければならない」と主張したのだ。極右保守勢力というのは、文氏が後に「親日残滓」「積弊」として攻撃するのと同じ相手を指している。李氏はその後、与党・共に民主党の代表となった。

文政権下での主流交代人事の代表格は、ソウル郊外の小さな町・春川《チュンチョン》で地裁所長を務めていた金命洙《キムミョンス》氏を、最高裁長官にあたる大法院長に抜てきしたことだ。金氏は、民主化翌年の1988年に発足した、司法改革を主張する進歩派判事の団体で会長を務めたことのある人物。政治的だと批判されることもあり、それまでの裁判所人事では「冷や飯」

を食わされていた。大法院長の任命に必要な国会の同意案が可決された時、進歩派の「京郷新聞」は社説で「金命洙大法院長（の任命同意案）可決、これで司法改革が始まる」（「京郷新聞」2017年9月22日）と歓迎した。

軍事政権の言いなりになってきた司法の世界では、民主化後に金氏のような急進改革派が生まれ、一般の判決でも世論の動向を意識する傾向が強まっていた。だが、それでも進歩派には「司法には保守的傾向が残っている」という不満が強かった。これは、文政権が検察改革を強調することにもつながっている。

外務省では、保守派政権の下で重用されてきた「同盟派」、すなわち米国や日本を担当してきた主流派たちが後退した。青瓦台での司令塔役である国家安全保障室長となった鄭義溶《チョンウィヨン》氏は、それまで非主流扱いを受けてきた通商畑を主として歩んできた外交官出身だ。キャリア外交官の最高ポストだった外相には、金大中大統領の英語通訳を契機に外務省へ中途入省し、その後国連に転出していた、女性の康京和氏が起用された。国防省人事でも主流だった陸軍人脈が後退し、海軍や空軍の人脈が重用されることになった。

そして公営放送であるＫＢＳやＭＢＣなどのテレビ局でも、李明博・朴槿恵という保守政権下で解雇されたり、閑職に追いやられたりしていた人たちが次々に経営陣として返り咲き、主要幹部の首をどんどんすげ替えていった。弾き出されて閑職に追いやられた人たちは「今に見てろよ」と、次の政権交代での復讐を誓っているという。

後から考えると文氏が出した対談本の書名は「その後」を示唆するものだった。書名は『大韓民国が問う――完全に新しい国、文在寅が答える』だったのだ。保守派メディアは「破格の人事で権力主流交代、文大統領が本で書いた通りに進んでいる」（「中央日報」電子版、2018年7月4日）と警戒感を強めた。

「正しさ」を重視する韓国の政治文化

主流交代に関する文氏の考えが鮮明に出たのが、日本支配への抵抗運動「3・1独立運動」から100周年の記念日である2019年3月1日の式典での演説だった。

文氏は演説でこう語った。「『親日残滓の清算』というのは、（植民地支配への協力という）親日は反省しなければならないことであり、独立運動は礼遇を受けねばならないという、もっとも単純な価値を確立することだ。この単純な真実が正義であり、正義がきちんとなされることが公正な国の始まりだ」

そして左右の理念対立とレッテル張りは、日帝（日本帝国主義）が民族を引き裂くために使った手段だと規定。「私たちの心にひかれた『38度線』は、私たちの間を隔てる理念の敵対を消し去る時に消える。互いに対する嫌悪と憎悪を捨てる時、私たちの内面の光復は完成される。そうしてこそ新しい100年が本当に始まる」と呼びかけた。

かなり理念的かつ情緒的なので、事情に詳しくない外国人には分かりづらい。前述した2つの文を組み合わせて大胆に意訳するならば「日本の植民地支配への協力者（親日派）の責任を追及し、独立運動家には礼遇を与えねばならない。これがもっとも単純かつ大切な正義であり、正義の実現を図ることが公正な国作りの始まりだ。（民族を引き裂く）保守と進歩による理念対立が解消されてこそ、植民地支配のくびきから完全に解放されて、真の独立を成し遂げられる。そうしてこそ建国から100年を迎えた大韓民国は新たな100年へと歩を進められる」ということになるだろう。

100年というのは、1919年の3・1独立運動後に上海で樹立が宣言された大韓民国臨時政府を現在の韓国のルーツだとする考えを示している。臨時政府は政府としての承認と財政、軍事援助を米国や中国に要請したが、受け入れられなかった。日本と戦った戦勝国の一員としてサンフランシスコ講和条約に参加するという希望も認められなかった。

それでも進歩派は近年、臨時政府を現在の韓国のルーツだとする主張を強めており、従来通りに1948年を建国年とすべきだとする保守派と対立している。

なお韓国憲法の前文には現在、「3・1運動によって建立された大韓民国臨時政府の法統」の継承がうたわれている。1948年に制定された韓国憲法は4回の全面改正が行われている。「3・1運動」への言及は最初から前文にあったものの、臨時政府を明示的に盛り込んだうえに法的正統性を強く意識させる「法統」という言葉が使われたのは1987年の民主化で全面改正された現行憲法が初めてである。

文氏の言葉に戻ろう。これは要するに、これまで優遇されすぎてきた保守派から既得権を奪い、「誤りを正す」ことが必要だという主張になる。それを具体化するのが主流交代だ。

「正しさ」という言葉は、近年の韓国社会を考える際のキーワードになっている。政治勢力は「正しさ」の実現を掲げ、反対勢力を圧迫する。「正しさ」というのは妥協の余地がない、もしくは極めて難しい概念なので、衝突は激しくならざるをえない。

朴槿恵政権以降は、対日外交でも「正しさ」が前面に出ている感が強い。だがこれについては、拙著『韓国「反日」の真相』で詳述しているので、本書では深入りしない。

そもそも韓国の政治文化は、「社会のあらゆる活動的分子を、権力の中心へ吸い上げる渦巻にたとえられ」る。権力の極端な一点集中が特徴で、米国の政治学者は1960年代の著作において、朝鮮社会の政治権力を「人びとを急速にそのなかにまき込んでしまう巨大な渦巻であって、瞬時にして彼らを野心の絶頂近くに押し上げるかと思えば、次の瞬間には彼らを一掃し、しばしば呵責なく処刑したり追放したりするのであった」と指摘している（グレゴリー・ヘンダーソン『朝鮮の政治社会』）。

現在でも韓国の大統領は「帝王的」と言われるが、それは憲法などの規定によるものではなく、政治文化の産物なのである。文在寅政権の「積弊」と「親日残滓」の清算イコール主流交代とは、「渦巻の上昇気流」すなわち権力から外れた保守派勢力を一掃する作業に他ならない。

その際に「日本」というキーワードは便利である。「積弊」たる保守派と、独立運動の系譜を引くと自らを規定しているのであろう文氏ら進歩派を区別するための「重要なツール」なのだ。

だが、文氏にとって「日本」とは、逆にいえばそれ以上のものではない。日本を攻撃することが主たる目的ではなく、国内の保守派の一掃が目的なのである。

だから文氏は3・1運動の記念演説でわざわざ「隣国との外交で葛藤の要因を作ろうというのではない」と強調している。ただ、その意図が日本側にうまく伝わっているようには思えない。日本を攻撃するつもりがなくとも、根底に歴史認識がある以上、日本を刺激する言葉を使わざるを得ないからだ。

結果論ではあるが、「主流交代」によって日本とのパイプ役だった多くの人が表舞台から消えた。そのことが、日本側に不要な誤解を生んでいることは否定できない。ただしパイプ役の不在は、文在寅政権下でさらにひどくなったというレベルに過ぎない。本質的には、1990年代まで韓国の政界や経済界の主流だった日本語世代が引退した後に後継役が育っていないという構造的な問題である。

「曺国」スキャンダルはなぜ起きたのか

文在寅政権下で保守派と進歩派の分断が深まっていることを実感させたのは、2019年8月から10月にかけての「曺国法相」をめぐる騒動だった。政権発足時から青瓦台で司法などを担当する重要ポストである民情首席秘書官を務めた曺氏が8月9日に次期法相に指名されてから、10月14日に辞任するまでの2カ月余りの騒動である。

曺氏は弁舌さわやかなソウル大法学部の教授として、以前から高い知名度を持っていた。公正や正義の重要さを説き、文政権では検察を含む司法改革の切り札としての役割を期待された。ポスト文を狙う有力政治家がスキャンダルで次々と失脚したこともあり、文氏の後継候補に目されるまでになっていた。

文政権が進める検察改革の目玉は、政府高官らを捜査対象とする高位公職者犯罪捜査庁の新設問題だ。大統領や閣僚、国会議員、自治体首長、判事、検察官といった高位公職者と家族が捜査対象に想定されている。

盧武鉉政権の時に同様の組織を設置しようとしたものの、野党と検察の反発を受けて挫折。

その後の保守政権下でも、検察の不祥事が起きるたびに議論はされていたものだ。曺氏はこの構想を熱心に提唱しており、法相起用は文氏の本気度を示すものとして注目された。

一方で保守野党の自由韓国党は「青瓦台直属の第2検察を作ろうとするものだ。曺氏の法相指名は、野党に対する宣戦布告だ」と猛反発した。政治検察として野党弾圧に使われるに違いないと見たわけだ。

韓国では、検察と警察、国家情報院、国税庁を「権力機関」と呼ぶ。青瓦台が政敵を圧迫するために使うからなのだが、一方で大統領の任期末が近付いてくると「次の権力」を意識した組織防衛に走り、政権周辺のスキャンダルを暴くようになる。

この中で軍事政権時代に政治介入を繰り返した情報機関（現在の国家情報院）は、1990年代から改革対象とされ、相対的に力が弱くなった。反対に存在感を増したのが検察で、「政治検察」と批判されることも少なくない。

そうした社会構造を背景に、野党は政権への忠誠度の高い「第5の権力機関」の登場を警戒し、権限を脅かされる検察組織も強く反発してきた。

ところが法相指名後に曺氏を巡るスキャンダルが次々と明るみに出た。娘の不正入学や私募ファンドへの不透明な投資、親族が経営に関与する私学財団での不正など、多すぎて頭が混乱するほどだ。

曺氏がこれまで「正義」や「公正」という言葉を振りかざして保守派のスキャンダルを厳しく指弾してきただけに、保守系メディアはここぞとばかりに曺国バッシングに走った。検察も強引にも見える捜査を繰り広げ、曺国バッシングの材料を提供した。

それでも文氏は強行突破を図った。国会聴聞会の手続きを終えると9月9日に法相への任命を強行したのだ。日本的な感覚では無謀に見えたかもしれないが、そんなことはない。

私はこの日、ソウルの大学で社会学を教える旧知の韓国人教授に電話してみた。すると「私は文大統領を支持しているが、曺氏の法相任命には反対だ。でも私の周囲には任命賛成という人ばかり。その話になると喧嘩になってしまうし、もう嫌になってニュースも見ないようにしている」という返事が返ってきた。保守派となら曺氏の悪口で盛り上がれるかもしれないが、もともと進歩派の人なので保守派との付き合いは少ないのだろう。電話口の声は、それまで聞いたことのないほど疲れていた。

韓国社会の状況はこの言葉に凝縮されていた。8月末から何回も行われた世論調査では、政権支持者の9割が任命賛成、不支持の9割超が反対という結果が続いていた。中間層が離れていったため政権支持率は落ち込んだものの、それでも7月末の48％が40％そこそこになったという程度だった。

そして始まったのが、曺氏の法相辞任を要求する保守派の集会と、「曺法相を守り、検察改革を貫徹しよう」と呼びかける進歩派の集会だ。保守派が5万人を集めたと発表すると、翌週には進歩派が「150万人」の大集会を開き、その翌週には両派とも「300万人」の大集会という具合である。

友人の韓国人記者は「相手より多くの人数を集めることで勢力を誇示しようとしている。両派ともSNSでの参加呼びかけに必死だ」とあきれていた。

もちろん人数はすべて主催者発表で大幅にサバを読んでいるのだが、それでも数万人、数十万人が集まる大集会だったことは間違いない。結局、曺氏を巡る騒動は保守派と進歩派の分裂がますます深刻になっていることを見せただけのことだった。

「左派独裁者　文在寅出て行け！」と書かれた横断幕を持つ保守派のデモ（2019年8月、ソウル都心の市庁舎近くで著者撮影）

第2章
日本の気持ちになぜ鈍感なのか

日本製品不買運動の正体

韓国の進歩派団体が作った日本糾弾集会の案内チラシを見て、失礼ながら私はつい噴き出してしまった。

文在寅《ムンジェイン》政権の対日政策を批判する韓国の野党指導者や、元徴用工について「強制徴用ではなく自発的に募集に応じた人たちだ」とする安倍晋三首相らの発言と並べて、私の書いたコラムが指弾されていたからだ。

2019年7月に発表された輸出規制強化に反発し、光復節（日本の敗戦によって植民地支配から解放された記念日）の8月15日に計画されたロウソク集会のチラシだ。日本寄りだと決め付けて保守派攻撃に使われるようになった「土着倭寇」という新語を使い、「土着倭寇・本土倭寇連帯」を糾弾している。私は日本人だから、本土倭寇に該当するのだろう。

私のコラムは、韓国での日本製品不買運動が過去25年間に一回も成功していないことを指摘するものだった。派手なパフォーマンスで、日本メディアも報じるものの、実体などない。だから結局は日本の世論に悪印象を与えて終わり、ということが過去何度も繰り返されてきた。

輸出規制強化に反発する中でも同じような動きが見られたので、騒ぎすぎず慎重に見極めた方がいいと考えて、過去の経緯を紹介したのだ。

コラムで紹介したのは、外国産たばこの輸入が急増していた1995年、「新しい歴史教科書をつくる会」の中学校歴史教科書が問題となった2001年、島根県が「竹島の日」条例を制定した2005年、安倍政権が島根県での「竹島の日」式典に内閣府政務官を派遣した2013年、計4回の不買運動だ。

1995年の件は日本と直接関係はないはずなのだが、植民地支配からの解放50年だったこともあって、日本を標的にしやすかったのだろう。外国産たばこの代表格としてマイルドセブンが狙い撃ちされた。

私は、1995年以外の3回をソウルで取材していた。日本製品やブランドを大きな板に描いて生卵をぶつけるような派手なパフォーマンスをするから、カメラマンにとって「面白い」運動であることは間違いない。ただし、日本製品の売り上げが本当に落ちることなどなかった。

韓国の新聞記者や経済人の中には「よく書いてくれた。本当にその通りだ」と国際電話で感想をくれる人までいたのだが、当事者には不快だったらしい。韓国のネットには「今度こそ成功させよう」という書き込みさえあったそうだ。

実際には、今回の不買運動は違った。日本政府観光局によると、訪日韓国人の数は7月に前年同月比7・6％減、8月が同48％減、9月は同58・1％減と大きく落ち込み、韓国人観光客の比率が高い九州などの観光地では悲鳴が上がった。ユニクロや日本のビールといった日本製品の韓国での売り上げも急落し、韓国に増えていた日本式居酒屋や和食店も閑古鳥が鳴くありさまだった。

成田、羽田、関西、中部を除いた日本の地方空港の国際線利用者数（2018年）は、日本人2011万人に対して外国人835万人だった。そして2017年に訪日した外国人観光客の4分の1は韓国人だった。日本の観光業界関係者は「東京では分からないかもしれないが、地方の観光業界の韓国への依存度はとても高い。特に韓国人客の比率が高い冬場の九州観光には打撃だ」と悲痛な表情を見せた。

地方都市に就航しているのは、経営体力の弱い韓国のLCCが多い。観光業界関係者は「韓国ＬＣＣの地方路線には自治体から補助金が出ているものが多いが、いったん路線休止となったら補助金も削られる。今ある予算を維持するのはともかく、いったん削った補助金を復活させるのは財政難に苦しむ自治体にとって至難の業だ。それでも足となる航空路線がなければ、観光客は戻ってこない。便数減少でとどまっている間に、なんとか状況が好転してもらえないだろうか」と話していた。

韓国では行きすぎた反日への批判も強まっており、不買運動だって長続きはしないだろうと話す人も多い。個人的に日本への嫌悪感を示す人が多いわけでもない。それでも日韓の外交的摩擦を打開する展望は見通せず、不買運動の影響も今度ばかりはどれくらい続くか予測が難しそうだ。

「ホワイト国外し」韓国はこう解釈した

私のコラムは「今回も不発に終わる」と予言したわけではないが、心情的には「外れ」である。仕方ないので、なぜ今回は不買運動の成果が出たのかを8月にソウルで取材した。

今までの不買運動が不発に終わっていた理由については、ほとんどの人の見解が一致した。慰安婦問題や教科書問題などでの日本の対応への反発というのは政治的なものであって、一般国民からみれば「自分たちの問題」とは感じられなかったということだ。だから、運動団体が派手なパフォーマンスをしても一般国民は冷めた目で見ていた。ところが今回は違うのだ。

私が聞いた意見で、それなりに納得できた見解は4つあった。

（1）韓国の主力産業を標的にされたことで自分の生活にも悪影響が出るのではないかと心配した。
（2）韓国人は徴用工問題に関心を持っていないので、日本の措置は寝耳に水だった。理由もわからず経済制裁をされたと反発した。
（3）日本が力ずくで韓国を抑え込もうとしてきたと感じた。
（4）ロウソク集会で朴槿恵《パククネ》大統領を弾劾に追い込んだ成功体験とSNSによる情報拡散。

といったものだ。どれかひとつが決定打というより、こうした要素が複合的に作用したということなのだろう。

ひとつずつ見てみよう。韓国経済への攻撃だと受け止めたからという（1）は理解しやすい。韓国の主力産業である半導体産業が揺らげば、もともと悪くなっていた景気がさらに冷え込むだろう。そうなれば自分の生活にも悪影響が及ぶと考えれば、怒るのは当然だ。

韓国人にとって寝耳に水だったからという（2）は説明が必要だろう。

日本では大きく報道され続けてきた徴用工問題だが、韓国では大きな関心を持たれていなかった。元徴用工訴訟の原告代理人を務める弁護士にも会ったが、彼の口からは今になっても「韓国では関心を持たれていないから」というぼやきが出てきた。

実際、8月15日にソウル市役所前広場で行われた徴用工問題の早期解決を訴える集会の参加者は600人ほどだった。

徴用工問題で日本がいらだっていて日韓関係が悪化していると知らなければ、日本が突然、理不尽な攻撃をしてきたと見える。理由を聞いても、そもそも徴用工問題に関する知識などないから「何それ？」という感じなのだ。

日本が力ずくで韓国を抑え込もうとしたという（3）は、青瓦台（大統領府）や各省庁、外交専門家の間で広く共有されている。韓国が経済的な力を付けて日本をキャッチアップし、今や日本を追い越そうとしているので、今のうちに韓国をたたいてしまえというのが日本の隠された思惑だ、という見立てだ。

日本政府の発表直後に私が日本の朝鮮半島専門家たちと話した時も、「官邸は力ずくで韓国を屈服させようとしているのではないか」という見方は出ていた。

私も「力ずく」という考え方には同意するものの、この「力ずく」論には日韓で危険なずれがある。私を含めた日本の専門家たちは「官邸は韓国の国力を見誤っている。韓国が弱小国だった昔のイメージを引きずったまま、簡単にギブアップさせられると考えたのではないか」と危惧したのだ。韓国側が考えているように、「韓国に抜かされそうだから今のうちに」という感覚は日本側には見られない。

ロウソク集会の成功体験という（4）は、朴槿恵弾劾に成功した高揚感を引きずっている。文在寅政権の支持層は、市民一人ひとりが参加したロウソク集会の盛り上がりによって弾劾を成功させ、政権を奪取できたという感覚を持っている。だから今回も、一人ひとりが参加する不買運動によって日本への反発を表現できると考えたというのだ。ここ数年のＳＮＳの爆発的普及がこうした動きを後押しした。

さらに付け加えるならば、日本以上に強い韓国社会の同調圧力も、要因の一つだろう。

ソウル市南部の繁華街にある日本食レストランでは「接待や会合といった予約が入らなくなったのが痛い。売り上げは2割くらい落ちた」と嘆いていた。幹事としたら「このご時世に日本食？」と言われたくないのだ。この店では、それまで人気だったプレミアムモルツの生ビールも注文が激減したという。韓国人経営者は「周囲の顔色をうかがっている感じ。個室の客はプレミアムモルツを注文する」と話す。

「インスタグラム」の影響も無視できない。若い人たちは旅行先でインスタに写真をアップすることを楽しみにしているが、日本旅行で「楽しかった」という写真はアップしづらい雰囲気だ。それだったら他の国を旅行しよう、というのだ。

40代の韓国紙記者は「40代以上の人で日本旅行を取りやめたというのは不買運動だろ

うけれど、20代や30代はインスタが最大の理由だろう」と話していた。

ただ、日本を訪れる韓国人の数は近年ものすごい勢いで増えていたので、「前年比半減」をどのように評価すべきかには迷う点もある。訪日韓国人の数は2014年に275万人で、これが翌年から400万人（2015年）、509万人（2016年）、714万人（2017年）、753万人（2018年）という具合だったのだ。

特に2016年以降は、在韓米軍へのミサイル配備問題で中国が韓国に事実上の経済制裁を科したことへの反発があって、観光客の流れが中国から日本へ向いたと言われていた。

「ノー安倍ならOK」という勘ちがい

日本による輸出規制強化への反発がここまで強くなったのは、安倍政権にとって想定外だった。元徴用工訴訟での日韓請求権協定に反する確定判決が出たのに放置している文在寅政権にいらだち、対応を促すための「アラーム」程度に考えていたからだ。

首相官邸は2018年10月に韓国最高裁の確定判決が出た後、韓国を圧迫するための対抗措置を考えるよう各省庁に指示し、経産省が出した案が輸出規制強化だった。経産省も事務レベルでは消極的だったようだが、最後は官邸が決めたのだという。

2019年7月1日の発表直後に会った日本政府高官は、「今回の措置を選ぶにあたって考慮されたこと」として4つを挙げた。まずは日本へのインバウンドに影響を与えないこと。残りは、日本企業の被る被害を最小限にする、韓国の国民を敵に回さない、国際法に違反しない、という3点である。

この時点ではまだ、日本政府は韓国の反発を軽く見ていたようだ。高官は「韓国の半導体生産に悪影響が出るようなことはないだろう。経産省も輸出を止めようとしているわけではないから」と話していた。

8月初めにはバンコクで日韓外相会談が行われ、輸出規制や元徴用工訴訟の問題が議題となった。安全保障問題を担当する日本外務省幹部はこの時、「事前準備の紙に軍事情報包括保護協定（ＧＳＯＭＩＡ、ジーソミア）は入っていなかった。米国も破棄するなと言ってるし、そこは大丈夫でしょう」と私に語った。韓国がＧＳＯＭＩＡ破棄を日本に通告する前に会った安倍政権の閣僚も「元徴用工訴訟できちんとした対応さえしてくれれば、輸出規制の問題なんかたいした話ではない」という具合だった。

朝鮮半島情勢に精通した地域専門家たちの知見を無視して決めたからだろうが、韓国側の反応をまったく予想できなかったということだ。ただし、勘違いというか、相手のことを分かっていないことでは韓国側も五十歩百歩である。

好例が「ノー安倍」というスローガンだろう。韓国では、安倍政権にノーと言うことは、日本全体を敵に回そうというのではない「理性的」な対応だと受け止められている。輸出規制をしても韓国国民を敵に回さないと考えた日本政府と、考えの浅さにおいて大差はない。

日本側の措置に対する反発を巡っては、韓国でも保守系大手紙を中心に「行きすぎた反日」をたしなめる声が当初からあった。

その後、与党所属のソウル都心の中区長が「ボイコット　ジャパン」と書かれた垂れ幕を通りの街灯などに並べさせたことに「やりすぎ」批判が殺到し、区長は謝罪と垂れ幕撤去に追い込まれた。これを契機に「ノー・ジャパンではなくノー安倍」という流れができたのだという。

「ノー・ジャパンではない」と言いながら不買運動を展開するのは矛盾しているように思えるが、とにかくスローガンは「ノー安倍」が圧倒的になった。私を「倭寇」扱いした8月15日の集会でも、目立ったのは「ノー安倍」だった。

この流れはその後も続いた。神戸大の木村幹教授が9月末に参加したソウル郊外でのシンポジウムでは、盧武鉉《ノムヒョン》政権での閣僚経験者が「安倍政権は我々に不当な圧力をかけている」と主張していたそうだ。

木村氏は、与党の長老級政治家を含めてその場にいた人々の多くが「経済産業省による輸出規制強化以降の状況を、単純に『極右』安倍政権の施策によるものと考えており、だから安倍政権さえ存在しなければ問題は容易に解決する、と信じている」と見た（「ニューズウィーク日本版」電子版）。

韓国側の実情についての木村氏の観察は正しい。ただ実際には、立憲民主党の国会議員ですら「多くの支持者から韓国への不満を聞かされる」のが日本社会の本音である。「安倍政権が嫌韓を主導している。安倍政権さえいなくなれば」というのは、韓国側の希望的観測にすぎない。

さまざまな悪影響が報じられるようになった9月になっても、毎日新聞の世論調査では安全保障に関する物品の輸出管理を優遇する「グループA（ホワイト国）」からの韓国除外を「支持する」と答えたのは64％で、安倍政権の支持率50％より高かった。同月の朝日新聞の世論調査では韓国を「好き」と答えた人でも、安倍政権の韓国に対する姿勢については「評価する」と「評価しない」がともに39％で割れた。

この背景にあるのは「韓国疲れ」とも評される現象だろう。

私は当初から輸出規制に反対する立場を鮮明にしたが、それでも韓国への不満が日本社会に広く存在することは仕方ないと考えている。

近年の韓国が日本に向けて行う言動は、日本の常識では理解に苦しむことが多いからだ。韓国の常識に従えば理解できるとしても、そもそも「常識」は社会によって違う。そのことが両国できちんと認識されていない。そこに問題の根源がある。

韓国で「ノー安倍」と叫ぶ人たちは、日本の「韓国疲れ」という現実が見えていない。安倍政権を批判する日本人たちは安倍政権の政策すべてに反対のはずだと思い込んでいる。

韓国では安倍首相に対して「極右」「嫌韓」というイメージが強く持たれているし、自分たちの政治文化が対立相手の全否定につながりやすいものなので、余計にそうなりやすい。

厄介なのは、日本と韓国での法意識の違いとでも呼ぶべきものが衝突の原因になっていることだ。日本では「法律や約束を守る」ことが重視される一方、韓国では「法律や約束が正しいものかどうか」が重視される。正しくないのであれば「正されねばならない」となる。

元徴用工訴訟の問題はここを直撃しているから難しいのだ。日本の首相が誰であっても簡単な話ではない。

ただ、これは韓国側だけの問題ではない。日本政府の中にも「次の政権に期待しよう」と話す人がいるが、これも問題の本質を理解していないことを示しているだけだ。韓国の次期政権が保守派になっても本質的な難しさは何も変わらない。「見たいものだけを見る」という意味では、日本も韓国と変わらないのである。

本当は関心が低い「慰安婦問題」

日本製品不買運動が失敗続きだったというコラムを書いた理由のひとつは、日韓関係に対しての感情的な反応が強すぎるという日頃からの懸念があった。隣国との関係は難しくて当たり前であって、冷静に対処しなければ互いに害しかもたらさない。だから落ち着いて考えるための材料を提供したいと考えたのだ。

そう考えるのには理由があった。私は2015年春、2回目のソウル勤務を終えて東京本社に戻った。朴槿恵大統領が「慰安婦問題の進展」を最優先課題に据えたことで、日韓関係が険悪化。見かねた米国が仲介に乗り出し、日韓両国間で慰安婦問題を巡る対話が始まったばかりという時だった。日韓関係が大きく動いた慰安婦合意は同年末のことである。

私は帰国してからの3年間、論説委員として朝鮮半島問題に関する社説などを担当した。社説というのは、論説委員による議論の結果を担当者がまとめていく形で書かれていく。当時も日韓関係は「国交正常化以降で最悪」と言われていたから、社内外でいろいろな議論に参加する機会が多かった。

そうした中で私が戸惑いを覚えたのは、慰安婦問題に対する日本での関心度の高さだった。論説会議での議論がヒートアップすることもあったし、社外でのシンポジウムや講演では韓国に対して我慢ならないという感じで感情的な質問をする聴衆をよく見かけた。あげくの果てには、高校の同期会で友人に「どうなってるんだ」と質問攻めにされることまであった。

韓国でも新聞やテレビでは報道されるけれど、一般の人から慰安婦問題や日韓関係について質問されることはまずなかった。数年前に韓国人の北朝鮮研究者が「多くの韓国人は統一問題に関心があるかと聞かれれば、あると答える。でも普段は統一について考えることとなんてない。その程度なんだよ。慰安婦問題と同じだ」とぼやくのを聞いたことがあるのだが、本当にそんな感じなのだ。

「日本大使館敷地前」での慰安婦問題に関する水曜集会にしても、平常時の参加者は数十人にすぎず、近年は1000人を超える規模になるのは数年に1回程度だ。

私のコラムを「倭寇」扱いした2019年8月15日の集会は約1万人（警察推計）になっ

ていたが、すぐ横で開かれていた文在寅下野を叫ぶ保守派の集会参加者の方が明らかに多かった。保守派の集会は昼から隣接地域で何種類も開かれていたのだが、そのうち最大だった集会の参加者は約3万人（同）だった。

そもそも朴槿恵弾劾やら曺国《チョグク》法相辞任を要求したり、「曺国法相を守れ」と叫んだりする集会には主催者発表で100万人以上、控えめに見積もっても数十万人が参加する国である。

私がソウル在勤中に見た集会でも、セウォル号沈没での朴槿恵政権批判や在韓米軍への終末高高度防衛（THAAD、サード）ミサイル配備反対などというテーマだとすぐに数万人規模となっていた。「日本」というキーワードの持つ動員力は、それらに比べれば明らかに落ちる。ケタが違うのである。

文在寅政権になってからは、こんなエピソードもあった。

慰安婦合意の検証結果について説明するため康京和《カンギョンファ》外相が2017年末に来日し、河野太郎外相と会談した。日本ではトップニュースに近い扱いだったのだが、韓国メディアでは地味な扱いが多かった。強いて比較するなら、韓国メディアの扱いは「日本側の

3分の1から4分の1くらい」だと思われた。

私は翌日、日本外務省高官の前で日韓メディアの扱いの違いを口にした。すると「そうなの？　てっきりトップニュースでガンガン流してると思ってたんだけど」という言葉が返ってきた。

現地からの報告も入っているはずの人だったので、どうしてそんな認識になるのだろうと不思議に思って後輩のソウル特派員に事情を探ってもらった。すると「慰安婦問題は韓国世論に関心を持たれていないという報告を上げると、東京の外務省や首相官邸から『成果を出せていないことをごまかすための言い訳』と決め付けられる。だから大使館から報告を上げられないらしい」ということだった。最近はそんなことではいけないと自省する意識が出ているようではあるが、少なくとも数年前まではそんな空気が流れていた。

韓国の地上波テレビで日本の歌やドラマの放送がいまだに解禁されていないことへの受け止めも、日韓ギャップの典型例のひとつだ。日本側はとても気にしているのに、韓国側はなぜそんなことを気にするのか理解できない。そして韓国側の無神経さは日本側を落胆させ、日本側に不信感を植え付ける。

背景には両国のメディア事情の違いがある。日本では今でも地上波テレビの影響力が大きいし、象徴的な意味があると考えられている。若者たちは違いそうだが、政策決定にかかわってくるような世代の人たちにとってはそうだ。

一方の韓国では高層マンションが何棟も入る団地形式の住宅開発が主流ということもあって、ケーブルテレビやネット経由のＩＰテレビの普及率が、かなり前から90％を超えている。地上波のチャンネルもケーブルテレビを通じた再配信で観る人がほとんどなので、なぜ地上波だけ特別扱いするのか理解できないというのだ。

言論ＮＰＯが韓国のシンクタンクと共同で開いている日韓未来対話というシンポジウムが東京で開かれた時、日本人の聴衆から地上波テレビでの日本ドラマ解禁はどうなっているのかという質問が出たことがある。

この時に韓国側の司会をしていた政治学者が横にいた人に「放送できないの？」と聞いているのが、マイクに拾われて聞こえてきた。そして韓国側出席者からの答は「日本ドラマや歌を専門的に流すチャンネルもある」というものだった。事情を知らないであろう日本人の質問者は、韓国人が答えづらいからはぐらかしたと考えたように見えた。

韓国側でも日本専門家は日本側の事情を分かっている。だが、韓国で説明しても、日本の事情を理解しようとする人はほとんどいないのだという。地上波に日本のような象徴性、重要性など見出していないから、韓国にとってはまったくチンプンカンプンなのである。

過大評価される「反日」慰安婦団体

日本での関心が強いゆえに勘違いされているものの一つに、慰安婦問題への取り組みを続けてきた「日本軍性奴隷制問題解決のための正義記憶連帯（正義連、韓国挺身隊問題対策協議会＝挺対協から改名）」の動員力がある。

日本大使館前に少女像を建て、毎週水曜日の昼に抗議集会を開いてきた団体だ。

かつて世論を動かす大きな影響力を持っていたのは間違いない。現在でも韓国メディアが日本側の言い分を正当に取り上げづらくするなど、社会的なタブーを作り出すという意味での影響力は大きいが、世論を動かす力という観点から見ると話は変わってくる。

前述したように、２０１５年に2回目のソウル勤務を終えて帰国した私は、慰安婦問題に対する日本での関心の高さに戸惑いを感じた。韓国世論が関心を持っていないとまでは言わないが、関心の度合いは日本よりずっと低いというのが率直な印象だったからだ。

こうした感想は、両国を観察している人々の間では一般的なものだ。ただ、あくまで体感でしかないので、論証が難しい。

しかも韓国の政府関係者や記者は「韓国世論の関心は日本より弱い」と言われると面白くないようで、私が意見交換の場などで指摘すると必死に反論してくる。たいていは感情論での反発にすぎないのだが、こちらも集会参加者の人数以外には具体的な根拠がなくて困っていた。

そんなことを考えていた時、私は一つの記事を見つけた。2018年2月のことだ。挺対協が青瓦台サイトに「国民請願」を出したという韓国紙「中央日報」電子版の短い記事だった（国民請願を出したのは改名前なので、当時は「挺対協」だった）。

請願のタイトルは「文在寅政権は、2015年韓日合意に対する政府の基本処理方針に従って和解・癒やし財団を一日も早く解散し、10億円を（日本に：筆者注）返還しなければなりません」というものだった。賛同する電子署名が30日以内に20万集まれば、政府が何らかの返答をする仕組みだ。

私が記事を読んだのは、請願が出てから3日目の夕方。関心を持った私は、青瓦台のサイトをチェックして驚いた。それまでに集まっていた署名は、826人だけだったのだ。はたして30日間で何人まで数字が伸びるのだろうか。私は次の日から毎朝、署名の数をチェックするようになった。

国民請願というのは、文政権が始めた試みだ。韓国国民なら誰でも請願を提出でき、青瓦台サイト上で電子署名集めが始まる。米ホワイトハウスが運用する類似の仕組みを参考にしたものだが、必要な署名数はホワイトハウスが10万人なのに青瓦台は20万人とされた。

青瓦台の担当者に聞くと、米国では専用サイトに実名で登録しないと署名できないが、青瓦台サイトは外部のSNSアカウントを利用して署名する仕組みだから、だそうだ。そこまでする人が多いとは思わないものの、違うSNSのアカウントを使って1人が複数回の署名をすることも不可能ではない。だから必要な署名数を増やしたという説明だった。組織的な動員とみられる大量署名が短時間に集中することもあるので、その時には不正なアクセスがないか解析するということだった。

開設から2年3カ月となる2019年11月時点で、20万人を超えた請願は120本余り。毎月4、5本ということになる。署名数最多は、保守野党・自由韓国党を解散させるべきだという請願の183万人。そして曺国氏の法相任命を応援する請願が3位の76万人だった。どちらも第1章で取り上げた韓国社会の分断を象徴するものだ。

面白いものでは「盗撮に使われるカメラの販売禁止と盗撮に対する罰則強化」を求める請願が21万人、「国会議員の給与を最低賃金水準に」が27万人、「未成年者への性的暴行に対する罰則を強化し、終身刑に」が23万人といった具合だ。

さて挺対協の請願への署名はどう推移しただろうか。5日目の朝にチェックすると、前日朝からの増加数は140人だった。その後、「3・1運動」の記念日である3月1日と翌2日に200人超の増加を記録したものの、24時間ごとの増加数が3ケタになったのはこの3回だけだった。私が最初にチェックした4日目までに800人を超えているが、それにしても賛同が殺到したとは言い難い。

さすがに低調すぎないだろうか。不思議に思った私は、ソウル支局の助手に水曜集会をのぞいてもらった。現場に行ってみると、当日の予定などが書かれたチラシの下段に青瓦台サイトのＱＲコード付きで署名を呼びかけている。

署名受付の最終日を１週間後に控えた3月14日の集会では幹部がマイクを握り、請願の内容を紹介。その後に「20万人集まれば、青瓦台が私たちの請願に応えてくれます。多くの人たちの参加をお願いします。21日まで１週間あります。その時までに20万人集まらなかったら終わりです。ここにいる多くの方たちが参加してくださるようお願いします」と呼びかけていたという。

ただ翌日朝にチェックすると、前日からの増加数は４人だけ。集会への参加者もそもそも１００人弱だったのだが、それにしても反応が鈍いと言わざるをえなかった。

結局、30日間で集まった署名は１９１９人だった。それまでも集会への参加者数を見て挺対協の動員力低下を感じてはいたものの、この数字はさすがに驚きだった。

私はその後、日韓両国の外交官や研究者に請願の説明をして「何人集まったと思うか」と聞くことを繰り返したが、返ってくるのは自信なさげに「５万人？　10万人？」という声が大部分。１万人以下だろうと考える人は皆無だった。

これを見ると、私たちは挺対協の影響力を過大評価してきたようにも考えられる。

1990年に結成された挺対協は、韓国社会に慰安婦問題への関心を持たせることに大きな力を発揮し、韓国政府の政策決定にも影響を及ぼした。ただ私がソウル特派員になった1999年秋には、慰安婦問題はもう日韓間の外交的懸案という扱いはされていなかった。

これについては、まず個人的な経験から紹介しよう。

私は1999年10月からの4年半と、2011年5月からの4年間、ソウル特派員を務めた。毎日新聞の記事データベースで検索してみると、その間に私が書いた「韓国」という言葉が含まれる記事は1回目の勤務が1492本、2回目が610本である。

ところが「慰安婦」という言葉の入った記事となると、1回目が8本、2回目が69本だ。しかも1回目勤務の時に書いた8本のうち6本は教科書問題についての記事で、他の歴史問題と並べて「慰安婦」という言葉が使われたにすぎない。

慰安婦問題が主たるテーマと言えるのは、「アジア女性基金を終了させるべきだ」という韓明淑《ハンミョンスク》女性相のインタビューだけだった。韓国に関する記事を1500本近く書いたのに、慰安婦問題を正面から取り上げたのは1本だけということになる。

日本では２０００年に慰安婦問題を市民団体が裁くという「女性国際戦犯法廷」が開かれたが、恥ずかしながら私は当時まったく知らなかった。私が知ったのは「法廷」を扱ったＮＨＫ番組への政治介入疑惑が日本で報じられた時だ。同年には史上初の南北首脳会談が行われ、南北関係が急進展していた。私を含めたメディアの関心はそちらに集中しており、慰安婦問題への関心は高くなかった。

状況が変わったのは、韓国の憲法裁判所が慰安婦問題解決のための外交努力を韓国政府が尽くしていないのは「違憲」だと判断し、挺対協が年末に日本大使館前の少女像を建てた２０１１年だ。

少女像を建てたことで挺対協が状況を大きく動かしたとは言えるだろう。だが、その前の10年余りは韓国世論の関心を維持できていなかった。それを考えれば、国民請願への署名数が極めて少なかったことも、ことさら驚くには値しないのかもしれない。

毎日新聞、朝日新聞、読売新聞、朝鮮日報のデータベースで「慰安婦」という言葉の入った記事の数を調べると、各紙とも同じ傾向が見られた（グラフ1）。

１９９０年代半ばに盛り上がったものの、２０００年を前後して低調になり、２０１

グラフ1　日韓4紙の「慰安婦」記事本数の推移

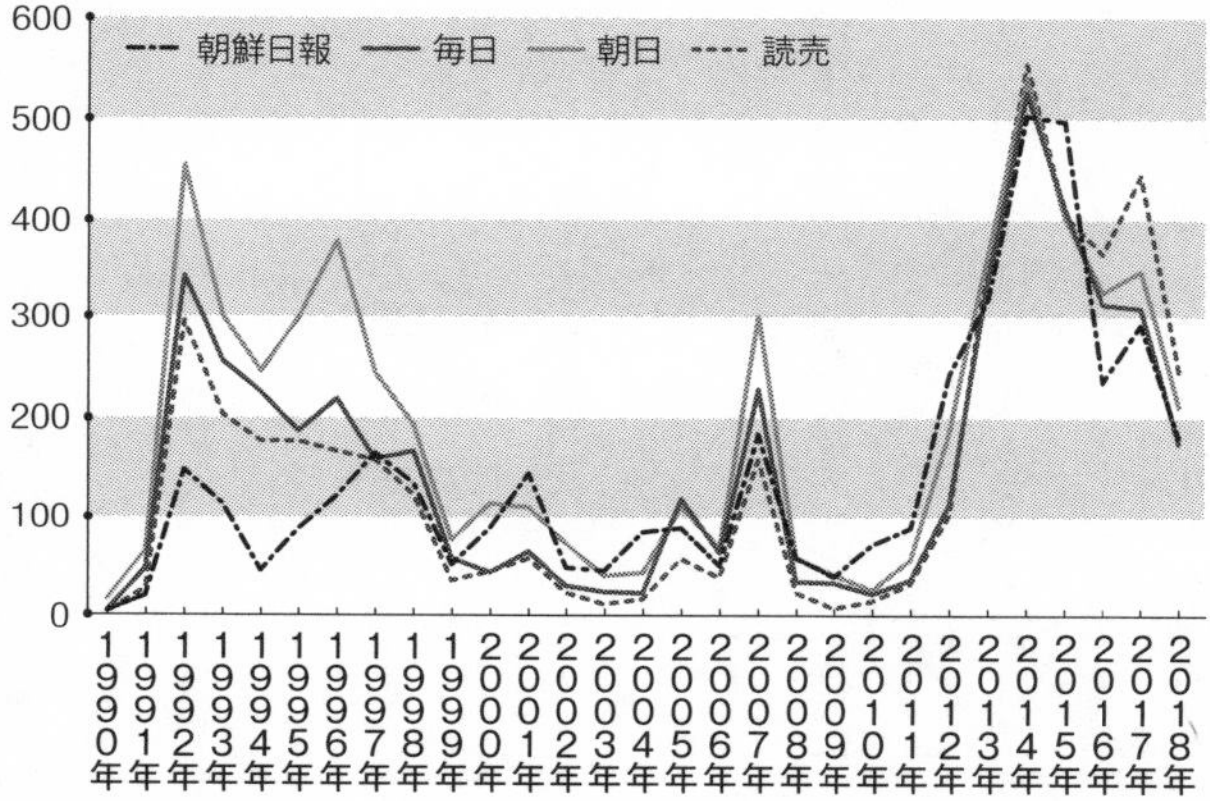

出所：著者調査

2年以降に再び急増する。例外的に突出する2007年は、米下院で日本を批判する慰安婦決議の採択があった年だ。

請願の話に戻ろう。1919人という数字に驚いた私は、挺対協の尹美香《ユンミヒャン》常任代表（その後、正義連理事長）に「なぜ署名がこんなに少ないのか」と電話で疑問をぶつけた。返ってきた答えは「（請願を出したのが）平昌《ピョンチャン》五輪の期間中だったので、静かにやろうということになった。請願を出したと報道されればいいということで、署名集めのための広報には力を入れなかった。水曜集会でも経過報告をしたくらい。北朝鮮の核問題もあったし」

というものだった。この説明をどう受け止めるかは、人それぞれだろう。

それを聞いて私は、20代後半の韓国人記者と前年夏に交わした会話を思い出した。会社派遣の研修で日本に滞在していた彼は、ビアガーデンでジョッキを傾けながら「韓国の若者で慰安婦問題に関心を持っている人はとても少ない。だから時間が経てば外交的な問題ではなくなるはず」と言ったのだ。

酒席で出た本音だろう。だが、日本に関心を持っているはずの韓国人記者としては危い認識である。私は「韓国で一般的に関心を持たれていないのは確かだけれど、だから外交問題にならないということにはならないよ」と返した。

慰安婦問題はやはり、いったん騒ぎになれば感情を刺激しやすい。特に韓国では「いたいけな少女」が犠牲になったというイメージが定着している。こうしたイメージが国民感情を強く刺激するのは、日本を含め、どの社会でも同じで、この構図自体は今も変わっていない。

慰安婦問題にはこれからも慎重なアプローチが必要で、そうした姿勢は特に両国の政治家や政府関係者に求められる。

ただその際には冷静な「事実の見極め」が必要不可欠だ。日本側が韓国世論の実情を誤解して過剰反応すれば、状況をさらに悪化させて負のスパイラルに陥りかねない。そんなことにならないよう、韓国の〝平熱〟がどのようなものか、きちんと知っておくべきだろう。

日本の輸出規制強化などの撤回を訴え、「ノー安倍」を叫ぶソウル都心の集会
（2019年8月、ソウルの光化門広場で著者撮影）

毎日新聞出版　愛読者カード

本書の タイトル「　　　　　　　　　　　」

●この本を何でお知りになりましたか。

1. 書店店頭で　　　　2. ネット書店で
3. 広告を見て（新聞／雑誌名　　　　　　　　）
4. 書評を見て（新聞／雑誌名　　　　　　　　）
5. 人にすすめられて　　6. テレビ／ラジオで（　　　　）
7. その他（　　　　　　　　　　）

●どこでご購入されましたか。

●ご感想・ご意見など。

上記のご感想・ご意見を宣伝に使わせてくださいますか？

1. 可　　　2. 不可　　　3. 匿名なら可

職業	性別 男　　女	年齢 歳	ご協力、ありがとうございました

郵便はがき

料金受取人払郵便

麹町局承認

197

差出有効期間
2020年12月
31日まで

切手はいりません

102-8790

209

(受取人)
東京都千代田区
九段南 1-6-17

毎日新聞出版

営業本部　営業部行

ふりがな	
お名前	
郵便番号	
ご住所	
電話番号	(　　　　)
メールアドレス	

ご購入いただきありがとうございます。

必要事項をご記入のうえ、ご投函ください。皆様からお預かりした個人情報は、小社の今後の出版活動の参考にさせていただきます。それ以外の目的で利用することはありません。

第3章
韓国が突きつける挑戦状

徴用工判決の衝撃

日韓関係が極度に悪化した決定的な契機は、韓国最高裁（大法院）が２０１８年10月30日に出した元徴用工訴訟の判決だ。戦前に日本企業で働かされた元徴用工が起こした損害賠償請求訴訟で、被告の日本企業に計４億ウォンの賠償支払いを命じた２審判決を支持し、確定させた。

最高裁自身が２０１２年に原告敗訴だった高裁判決の破棄差し戻しを命じたやり直し裁判なので、原告勝訴となるのは当然のようにも思える。

ただ実は、この判決に対しては韓国内の法律専門家にも異論が多かった。判決期日を控えた韓国メディアでは、国際法と整合性を取れないのではないかと懸念する専門家らの見方が伝えられていた。

韓国紙のベテラン司法担当記者は「国際法の専門家で日本企業敗訴が妥当だという人は、ほとんどいなかった。ただ、一部の法学者には違う意見があった」と語る。最高裁判決は、いわば少数説を採用したということだ。

少数説の背景にあるのは、次のような考え方だという。

「国際法というのは結局、強国の都合によって決められ、変更されてきた。ルールを決める枠外に置かれてきた弱小国の中で既存秩序に挑戦できる力を持つようになった国は、韓国しかない。それならば試してみる価値はあるのではないか」

問題となっているのは、1965年の日韓国交正常化の際に締結された日韓基本条約や請求権協定である。

請求権協定は、日本が韓国に無償資金協力（贈与）3億ドル、有償資金協力（長期低利の貸付＝円借款）2億ドルの計5億ドルを提供すると定め（第1条）、朝鮮半島を植民地支配していた時代の請求権の問題は「完全かつ最終的に解決されたこととなることを確認」した（第2条）。

盧武鉉《ノムヒョン》政権だった2005年に協定の及ぶ範囲を「民官共同委員会」で再検討した韓国政府は、元徴用工の問題は解決済みと整理していた。無償資金協力3億ドルについて「個人財産権（保険・預金等）、朝鮮総督府の対日債権等韓国政府が国家として有する請求権、強制動員被害補償問題解決の性格の資金等が包括的に勘案されている」と結論づけたのだ。

国交正常化交渉の中で韓国は8項目の対日請求権を要求しており、その中に「被徴用韓人の未収金、補償金」が入っていたからだ。一方で、慰安婦問題については「日本政府と軍などの国家権力が関与した反人道的不法行為」なので請求権協定では解決されていないとされた。

当時、大統領側近として青瓦台の民情首席秘書官を務めていた文在寅《ムンジェイン》氏は、委員会に政府委員として参加していた。

民間委員として検討作業に加わった専門家は私に「元徴用工への補償問題は韓国が責任を持ってやる。そう宣言することで日本に対して道徳的優位に立つことができ、慰安婦問題で強い要求をすることができると判断された」と語っていた。この時、サハリン残留韓国人と在韓被爆者の問題も協定の対象外とされた。

ところが2018年の最高裁判決は、「この事件で問題となる原告たちの損害賠償請求権は、日本政府の韓半島に対する不法な植民支配および侵略戦争の遂行と直結した日本企業の反人道的な不法行為を前提とする強制動員被害者の日本企業に対する慰謝料請求権である点を明確にしておかねばならない。原告たちは被告を相手に未払い賃金や補償金を請求しているのではなく、このような慰謝料を請求しているのだ」と判示した。「慰謝料」という新たな概念を持ち出すことで、「未払い賃金」などは請求権協定で解決済みとしてきた韓国政府の立場を害さずに日本企業敗訴の結論を導き出したようだ。ただ、日本の植民地支配が不法なものであることを前提に「慰謝料」を請求できるとなれば、植民地支配下で起きたことすべてが慰謝料請求の対象になりかねない。事前に予想された以上に衝撃的な判決だった。

日本の植民地支配につながる1910年の日韓併合条約の正当性というのは、国交正常化交渉で最大の争点となった問題だ。日本側は「当時の国際情勢の下では合法」だったが、韓国が1948年に独立国となったことで条約の効力がなくなったという立場（外務省『日韓諸条約について』）。これに対して韓国側は「当初から不法」だったという主張を譲らなかった。両国は結局、「もはや無効」という玉虫色の表現で妥協した。

だから日本側は、現在の日韓関係の基盤を真っ向から否定する判決であり、「国際法に反する」と反発した。一方で韓国の文在寅政権は「三権分立の観点から司法に介入できない」という原則を強調し、すぐに対応しなかったので日本側の不信感は高まった。

日本側ではその後、「韓国は1965年体制に挑戦しようとしているのではないか」という疑念が強まった。

韓国紙の司法担当記者が言う「少数説」の立場はまさに、「65年体制への挑戦」ということになる。その背景にあるのは、韓国の国力が強くなったことへの自負であり、「正しさ」にこだわる韓国的な考え方である。さらに文在寅政権には「ロウソク革命によって誕生した政権だ」という高揚感が強いことも無視できない。

日本が2019年7月に輸出規制強化を発表したことに韓国側が反発した時、文氏の側近である曺《チョグク》国民情首席秘書官（当時）がフェイスブックに書き込んだ文章を見れば、そうした意気込みは一目瞭然だ。

曺氏は、「日本の国力は明らかに韓国より上だ。しかし、最初からおじけづき、びびるのはやめよう。外交力を含めた現在の韓国の国力は1965年の韓日請求権協定を締結した時期とは比較にならないほど成長した。『併呑』された1910年とは言うまでもない」と書いた。法相指名でスキャンダルまみれになる直前の絶頂期だった。

注意すべきなのは、65年体制への不満は韓国の保守派にも共有されているということだ。

私は朴槿恵《パククネ》政権時、外交安全保障に関する保守派の重鎮を集めて大統領に助言するために組織された会議のメンバーから「基本条約は不平等条約だ。国際法の潮流は変わったのだから見直されるべきだ」と言われて驚いたことがある。

締結当時の日韓両国の外交力量は比較にならなかったため、日本側にきわめて有利な内容で押し切られたという認識が根底にある（澤田克己『韓国「反日」の真相』）。日本の専門家からも、条約改定は非現実的であることを前提にしつつ「韓国側が不平等だと不満を抱くことは理解できる」という声は聞かれる。日本として注意深い対応が求められる理由である。

歴史認識は外交テーマではなかった

簡単に元徴用工を巡る動きを整理しておきたい。

本書を含めて一般に使われる「元徴用工」という言葉は、日中戦争の激化した1939年から終戦までの間に労働動員され、日本企業で働かされた朝鮮半島出身者の総称だ。

日本人の成人男子が戦争に駆り出され日本国内の労働力不足が深刻化したため、政府は植民地だった朝鮮の人びとで穴埋めすることにした。労働力としての動員は「募集」という形で始まったが、戦況の悪化に従って「官斡旋」「徴用」と強制性を強めた。徴用は、内地を対象としていた国民徴用令を1944年に朝鮮半島にも適用するという形が取られた。元徴用工について日本政府は「旧民間人徴用工」や「旧民間徴用者」という用語を使っていたが、2018年10月の韓国最高裁判決後に「旧朝鮮半島出身労働者問題」と言い換えるようになった。すべての人が国民徴用令による徴用ではないという意味だという。

ただ、「募集」や「官斡旋」とはいっても、日本政府が日本内地の炭鉱等に配置すべき労働力として朝鮮半島からの動員数を明示した計画を作成し、朝鮮各地の行政が人集めにかかわっていた。

東京大の外村大教授の著書によると、当時の雑誌の座談会で、朝鮮総督府厚生局労務課の職員は官斡旋について「一般行政機関たる府、郡、島を第一線機関として労務者の取りまとめをやっていますが、この取りまとめが非常に窮屈なので仕方なく半強制的にやっています」と語っていた（外村大『朝鮮人強制連行』）。

日本の裁判所が判決で認定した事実をみると、募集に応じて日本に渡航したものの、途中で徴用に切り替えられたケースもあった。元徴用工2人が新日鉄（旧日本製鐵、現日本製鉄）を相手取って起こした訴訟の大阪地裁判決（2001年）によると、2人は1943年に「大阪製鉄所で2年間訓練を受ければ、技術を習得することができ、訓練終了後は朝鮮半島内の製鉄所に技術者として就職できる」などと書かれた新聞広告に応募して採用された。

だが、翌年2月か3月に大阪で現地徴用された。日本製鐵は当初から賃金の額や内訳を示さなかったうえ、賃金のほとんどを寮の舎監が管理する個人名義の貯金口座に入金。原告2人は結局、賃金の大部分をもらえずじまいとなった。

この2人は、2018年10月の韓国最高裁判決で勝訴した。

一方、勤労挺身隊として三菱重工の工場で働いた女性たちが名古屋地裁で起こした訴訟の判決（2005年）では、校長や憲兵に「日本で仕事をすればカネも稼げるし、女学校にも通える」と勧誘されたものの、実際には工場で厳しい労働に従事させられるだけだったことが認定された。自由な外出は禁じられ、手紙は検閲されたため実家に窮状を訴える手紙を書くこともできなかった。

日本人の成人男子が徴兵されたことで、特に炭鉱労働者は不足が目立つようになった。その穴を埋めたのが朝鮮人労働者だった。外村氏の著書によると、朝鮮人労働者の多くは炭鉱に配置されており、1944年6月時点までの統計では全体の62％が炭鉱、11・4％が炭鉱以外の鉱山に配置された。自発的に日本へ渡ってきた朝鮮人を含む数字ではあるが、軍需省燃料局の調査では、炭鉱労働者に占める朝鮮人の比率は同年に33％だったという（前掲書）。


現在の状況を見ると、元徴用工や慰安婦の問題は戦後すぐから日韓間の外交テーマだったように思えるかもしれないが、それは完全な誤解だ。

元徴用工の未払い賃金は正常化交渉の中で扱われたものの、その後は忘れられていた。歴史問題が外交の表舞台に浮上するのは1982年の教科書問題以降のことだ。元徴用工や慰安婦の問題で動きが出るのはさらに遅く、1990年以降になる。

神戸大大学院の木村幹教授は、日韓両国間の歴史認識問題の展開を3つの時期に分ける。第1の時期は1945年から1950年代、あるいは1960年代前半頃まで、第2

の時期はそれ以降、１９８０年代前半頃まで、そして第３の時期が１９８０年代後半から現在である。

第１の時期はまさに当事者たちが「現在」の問題としての処理をどうするかが問われており、極東国際軍事裁判（東京裁判）やサンフランシスコ講和条約、日韓国交正常化を経て沈静化した。とりあえずの「解決」が図られ、いったん「過去」になったからだ。

木村氏は第２の時期を「歴史認識問題論争の停滞期」と位置づける。冷戦下の日韓両国が、第１の時期に成立した「解決」を受け入れる以外の選択肢を持たなかったことが大きい。

そして第３の時期が「戦後世代の登場と歴史の再発見」である。「１９８０年代頃を境に、日韓両国において一斉に『歴史の再発見』とも言える、戦時期に関わる研究や当時の状況を糾弾する運動が開始される」のだ。（木村幹『日韓歴史認識問題とは何か』）

１９９０年８月22日付の韓国紙『朝鮮日報』の１面コラム「萬物相」からは、元徴用工に対する当時の空気を読み取れる。木村氏の指摘する「第３の時期」が始まった時期だ。

日本での訴訟準備を進める元徴用工を支援する日本人弁護士のソウル訪問を取り上げ

ているのだが、1971年に設立されたという「遺族会」について「今では1万2000人の会員を持つこの団体は、韓国の政府や社会からの支援がほとんどないまま、百人会という日本人の民間団体の支援でやっと事業を続けてきた」と紹介し、韓国国民がもっと関心を持つべきだと説いているのだ。

慰安婦についても大差はなく、韓国挺身隊問題対策協議会（挺対協）が結成されて運動を始めたのは1990年だった。

最初の元徴用工訴訟は1992年に山口地裁下関支部で提訴された。その後も日本で何件か起こされたものの、2007年に韓国人元徴用工が三菱重工を相手取った訴訟で原告敗訴の最高裁判決が確定した。日本での訴訟がうまくいかないことを受けて、今度は韓国での訴訟が始まった。

韓国ではまず2000年に三菱重工を相手取った訴訟が釜山地裁で起こされた。当時は釜山の弁護士事務所代表だった文在寅大統領も弁護団に名前を連ねたが、一連の訴訟で中心となっている崔鳳泰《チェボンテ》弁護士によると、文氏は単なる名義貸しで法廷に出てきたことはないし、原告団の集会に出たこともないという。

韓国でも原告敗訴が続いていたのだが、最高裁で2012年に「勝訴の可能性を認めた初の司法判断」（韓国最高裁）として原告敗訴の高裁判決を破棄差し戻しとする判断が下された。高裁での差し戻し審で原告勝訴となり、再度の上告審となったが、朴槿恵政権下では対日外交への悪影響を懸念した青瓦台からの働きかけもあって最高裁での審理は事実上塩漬けになっていた。それが文在寅政権になってから審理が始まり、2018年10月に日本企業敗訴の判決が確定した。

なお2018年の最高裁判決では、判事13人のうち2人が賠償命令に反対する立場を取った。この2人は「請求権協定が憲法や国際法に違反して無効であると解するのでなければ、その内容の良否を問わずその文言と内容にしたがって遵守しなければならない」という反対意見を出した。日本政府の立場と同じ見解だ。

このうち一人は文政権下で任命された判事だった。文政権下での「主流交代」で送り込まれた金命洙《キムミョンス》大法院長が訴訟指揮を執った影響はあるかもしれないが、個々の判事の判断にまで任命者の思惑を探ろうとするのは無理がありそうだ。

「65年体制」に挑戦する韓国

元徴用工への賠償を日本企業に命じた韓国最高裁判決の論理に従えば、1965年の日韓基本条約と請求権協定の見直しという話になりかねない。

だが日韓基本条約は、日本の戦後処理の基本であるサンフランシスコ講和条約の「特別取極」に基づいて締結されたものだ。日韓基本条約に手を付けることは、サンフランシスコ講和条約体制そのものを揺るがすことにつながる。日本が強く反発するのは、こうした懸念を抱くからだ。

ところが、日本の問題意識を真剣に共有しようという姿勢は韓国側に見られない。日韓基本条約がサンフランシスコ講和条約との強い関連を持つことを否定するわけではないだろうが、少なくとも当事者意識があるようには見えない。韓国は講和条約の当事者ではないし、韓国にとってはあくまでも2国間の問題という意識なのかもしれない。日本からすると困ったことにはなるが、確かに置かれた立場は違うのである。

そして近年の韓国では、日韓基本条約の見直し論が軽く語られるようになっている。朴《パク》正熙《チョンヒ》政権が日韓交渉反対デモを抑え込むために戒厳令を出してから50年となる2014年には、そうした議論が多かった。

金泳三《キムヨンサム》政権で首相を務めた李洪九《イホング》氏は、戒厳令発令50年を翌日に控えた6月2日の韓国紙『中央日報』のコラムで「日本に再交渉を提案すべきだ」という長老政治家の論文を「説得力がある」と評価した。論文は、1910年の日韓併合を「第1次対日従属」、1965年の日韓基本条約を「第2次対日従属」と規定して、再交渉を主張するものだった。

李氏は、論文の内容を次のようにまとめた。

韓国は、第2次世界大戦を終結させる日本との講和条約（サンフランシスコ講和条約）で戦勝国だと認められず、賠償を要求する資格を奪われた。その状況の下で1965年に日本と締結した請求権協定は、日帝による主権侵奪と植民統治を清算する条約とはなりえない。だから、韓日基本条約の再交渉を要求しなければならない。

李氏は自身の考えとして「再交渉すべきだ」とまでは書いていないが、再交渉論にシンパシーを抱いていることがうかがえた。国交正常化後の日韓関係について「全面的で真摯な歴史の再認識や国際法と規範の正しい解釈、互恵平等の原則に立脚したアジア共同体の樹立という理想から大きく外れていた」という考えを示し、「これを正す努力は、韓国はもちろん、日本のためにも必ず必要だ」と主張したからである。

真意をきちんと聞きたいと考えた私は取材を申し込んだのだが、秘書に「体調不良で数カ月はインタビューを受けられない」と断られた。

2018年の最高裁判決を受けて、日本の専門家が改めて注目しているのがこうした「65年体制への挑戦」である。これまでに述べたように、背景にあるのは韓国の国力が強くなったことへの自負であり、「正しさ」にこだわる韓国の伝統的な考え方が主流になってきたことだ。

それは明らかに「かつての韓国」とは違うもので、1980年代後半からの30年余りに進んだ社会意識の変化を受けたものといえる。

冷戦の終結とグローバリズムの進展、それに歩を合わせて進んだ韓国の経済成長と民主化という内外の要因は、韓国社会に大きな変化をもたらした。日韓関係に現れているのは、その余波である。

では、どんな変化があったのかを具体的に見ていこう。

日韓の国力がついに並んだ

冷戦終結からの30年は、日本では平成の時代と重なる。政治外交史家の五百旗頭《いおきべ》真氏は平成最後の年となった２０１９年3月に行った「平成時代」という講演で、平成という元号に込められた「内平かにして外成る」「地平かにして天成る」という大きな希望とは裏腹に「平成時代は平和でもなければ成功でもない。逆に経済超大国のピークから大転落する時代になりました」と振り返った。(『アジア時報』２０１９年4月号)
一方の韓国にとってはどうか。朝鮮戦争で全土が焦土となり、その後も東西冷戦の最前線として緊張を強いられてきた韓国は、冷戦のくびきから解放された。東西ドイツのような統一はできなかったが、中国やソ連をはじめとする社会主義圏全体と敵対せざるをえなかった冷戦時代とはまったく違う。しかも「漢江の奇跡」と呼ばれた高度経済成長によって先進国経済へのテイクオフを果たし、冷戦終結が宣言される2年前となる1987年には民主化も達成した。

これだけの変化が起きたのだから、日韓が互いに向ける視線に大きな変化が生じるのは当然だ。

日本の敗戦によって35年間の植民地支配は終わったが、1965年の国交正常化以降も、日本は韓国にとって絶対かなわない強大国だった。

ところが韓国は今や、主要20カ国・地域（G20）の一員として日本と肩を並べ、世界10位前後の経済力を持つまでになった。日韓の関係は、日本が圧倒的に強かった「垂直」的な関係から、対等な存在として向き合うことのできる「水平」なものへと変化した。

冷戦終結の影響はそれにとどまらない。五百旗頭氏は前述の講演で「冷戦の枠の中で抑えられていた地域問題が頭をあげてくるというのが冷戦後の特徴です。これは『地理と歴史の復活』と呼ばれます」とも指摘した。

本書でも既に指摘した通り、歴史認識問題が日韓間の懸案として浮上し、慰安婦問題や元徴用工問題で補償を求める運動が始まるのは冷戦終結期以降なのである。

韓国最高裁による元徴用工訴訟の判決以降には、日韓関係をさらに悪化させるようなことが次々に起きた。昔なら大事になる前に沈静化が図られていたであろうことばかりで、政治だけでなく外交パイプすら機能しなくなっている現状を象徴するようなものだった。

特に、2018年12月に起きた韓国海軍艦艇による自衛隊機へのレーダー照射問題は衝撃的だった。安全保障のプロである自衛隊と韓国軍は、政治的な緊張が高まっても緊密な協力を維持していると考えられてきたからだ。

多くの関係者が「昔なら現場レベルで事実確認をし、行き違いがあればその場で謝罪して終わりになっていたはずだ」と話すのだが、現実はまったく違う展開をたどった。日本防衛省が動画や探知音を公開し、韓国国防省は反論動画の公開で対抗した。お互いの主張は真っ向から対立し、防衛交流に大きな支障を及ぼすにいたった。

韓国側の主張に無理が目立ったからでもあろう。日本では「南北関係改善が進まず支持率低下に見舞われている文政権が、支持率上昇を狙って反日政策を強行している」という解説が散見された。

だが実際には、韓国の世論はまったく反応しなかった。

韓国ギャラップ社の発表する文大統領の支持率は、防衛省による最初の発表があった12月21日に46％だった。この後の推移は、48％（1月11日）、47％（18日）、46％（25日）、47％（2月1日）だ。ほとんど変化なしである。

同社の調査は自由回答で「支持理由」と「不支持理由」を挙げてもらう。いくつか理由を挙げてもらった上で、同社が分類する形式だ。それぞれ20項目くらいずつにまとめ、前週からの増減が大きいものには表示がされる。

文政権発足からその頃までの支持理由のトップは常に「北との関係改善」で、不支持理由のトップは「経済・民生問題を解決できない」だった。「日本」が明示されるようなことは、私の知る限り過去にもなかった。

ただ2019年1月25日の発表では、支持理由に「外交をうまくやっている10％（前週比3ポイント増）」とあった。同社に電話して具体的に聞いてみると、担当者は「米国と北朝鮮の間をうまく仲介して2回目の米朝首脳会談を実現させたという回答がほとんどですね」。調査期間の直前に米朝首脳会談の開催合意が発表されており、韓国では文政権の仲介努力が実ったと受け取られていたからだ。

よく見ると不支持理由に「外交2％」というのがあったのだが、これには「外交がらみのいろんな回答を集めて2％ですからねぇ。日本がらみがないわけではないけれど……。韓国の外交にとって重要なのは、圧倒的に米国と中国です。日本との関係も特別なイシューがあれば回答に入るかもしれないけれど、日常的にそうしたことは起こりません」という答えが返ってきた。

日本が7月に韓国への輸出規制強化を発動し、韓国が翌月に軍事情報包括保護協定（GSOMIA、ジーソミア）を延長しないと日本に通告した時も同じだった。

日本製品の不買運動などが想定外の盛り上がりを見せたものの、大統領の支持率への影響を見て取ることはできなかった。その時期に大統領支持率を動かしたのは、曺国ソウル大教授の法相起用をめぐる一連の騒動だった。韓国メディアの関心も同様で、曺氏の問題が出てくると日本に関する報道は一気に減った。

韓国から見た「ポスト冷戦の世界」

韓国に駐在していた日本の外交官と2000年ごろ、酒を飲みながら交わした会話が強く印象に残っている。

打ち解けた雰囲気で話していた時、彼は「冷戦時代の韓国にとって世界というのは日本と米国だった」と言ったのだ。韓国の人たちには怒られるかもしれないが、それは真実を言い当てていた。

米ソ両国を盟主とする東西両陣営がにらみあう冷戦は、朝鮮半島では熱い戦争を伴うものとなった。朝鮮半島のほぼ全域が巻き込まれた朝鮮戦争（1950～53年）では、民間人を主体に南北合計で数百万人が犠牲となった。

休戦協定締結後、軍事境界線の南北2キロずつを非武装地帯にするという約束は公然と無視され、重武装の大軍同士がにらみあってきた。しかも冷戦期の韓国は1970年代から経済成長したとはいっても、まだまだ弱体な途上国にすぎなかった。安全保障と経済の両面で日米両国に頼らざるをえないし、裏返せば、日米との関係さえ良好に保っていれば大きな問題はなかった。

だから、韓国の政権には野放図な反日を放置する余裕などなかった。好例が、植民地支配への謝罪なしでの日本との関係正常化は「屈辱外交」だと反発する世論を戒厳令で押しつぶした朴正熙政権の選択だ。

日本の陸軍士官学校で教育を受けた朴正熙を「親日的」と評する見方が日本にはあるが、私は懐疑的だ。植民地出身者に対する差別を体験したはずの人物に単純な「親日」を期待するのは楽天的すぎる。

植民地出身者として日本で学んだ朝鮮人エリートの手記には、世話になった日本人への感謝とともに、自民族を抑圧した日本という体制への嫌悪が共存している。朴正熙についても現実主義者として、日本の資金と技術なしに経済開発を進めることはできないと判断したと考える方が自然だ。他に道がないから、反日を力ずくで抑えたのだろう。

だが、1980年代に「韓国にとっての世界」は大きく変容する。

1985年にソ連のゴルバチョフ書記長が登場し、ペレストロイカを始めた。1988年のソウル五輪には2大会ぶりに東西両陣営がそろい、経済成長を続ける韓国は東欧の社会主義国と次々に国交を結んでいった。

そして1989年に冷戦終結が宣言され、1990年にソ連、1992年に中国との国交を樹立する。「韓国にとっての世界」は日米だけではなくなった。

この時期以降、韓国外交で語られるようになったのは、日本、米国、中国、ソ連（ロシア）という周辺4大国を指す「四強」という言葉だった。さらに2000年代になると、中国の存在感が大きくなってくる。

それでも軍事同盟に裏付けられた米国との関係は、依然として安全保障に不可欠である。韓国では「安保は米国、経済は中国」という言葉が普通に使われるようになった。結果として、中ソを中心とする「他の国」が出てきたことで割を食ったのは日本の存在感ということになった。

2003年に発足した盧武鉉政権は、国力伸長を背景に「韓国にとっての世界」をさらに広げようとした。政権の初代外交通商相である尹永寛《ユンヨングァン》氏は同年末の記者会見で、韓国外交の課題として「自主外交」を強調した。

尹氏は会見で「わが国の国力に合わせたグローバルな外交を展開していくことが、我々の目標だ。四強に加え、ＥＵやＡＳＥＡＮ、中東などグローバルなレベルでより積極的な外交活動を繰り広げていく」と語った。

そうした意気込みがすぐに結果として出てくるわけではないが、日米との関係が国家としての生命線という時代は終わったという意識を読み取れる。「自主」をできるという高揚感は文在寅政権に通じるものだ。

経済についても、この期間の韓国は開発途上国の雄から先進国の一角へと位置づけが変わった。韓国は１９９６年に「先進国クラブ」と呼ばれる経済協力開発機構（ＯＥＣＤ）に加入。２０１０年には途上国支援を担う主要先進国とＥＵがメンバーとなっているＯＥＣＤ開発援助委員会（ＤＡＣ）に加盟した。第２次世界大戦後に独立した旧植民地で「援助される側」だった国としては、現在でも唯一のＤＡＣメンバー国である。２０１９年には世界貿易機関（ＷＴＯ）で途上国として与えられていた「特恵」の返上を宣言した。韓国の経済成長は称賛に値する。

韓国の一人当たり国民所得は、朝鮮戦争直後の１９５０年代後半には１００ドルにも満たなかった。当時の世界でも最貧国のひとつである。そこからの驚異的な経済成長には、

1965年の国交正常化を受けて日本から供与された資金と技術が大きく寄与した。

日本は、請求権協定で約束された5億ドルとは別に民間借款3億ドルの提供にも同意していた。日本からの資金と技術供与を受けた朴正熙政権は、高速道路やダムなどのインフラ整備を進めた。現在では世界的な鉄鋼大手となっているポスコ（旧浦項総合製鉄）も、日本からの資金と新日本製鉄などの技術協力で設立された企業だ。

韓国が日本に頼ったのは資金と技術だけではない。貿易相手としても、日本は米国と並んで重要な相手国だった。

日韓国交正常化から5年たった1970年を見ると、韓国の貿易相手国としてのシェアは日本が37％、米国が34・8％で合計すると7割に達した。日米の比率は徐々に落ちていくが、1990年でも日本23・1％、米国26・9％で貿易全体の半分が日米を相手としたものだった。

ただ日米合計の比率が50％を超えたのはこの年が最後で、その後は直線的に落ちていく。韓国がOECDに加盟した1996年には30％台となり、2004年には20％台、2011年にはついに10％台となった。2018年は日本7・5％、米国11・5％で計19％

である。

逆に中国のシェアは1990年の2・1％が、2001年に10・8％、2009年には初めて2割の大台に乗せるとともに日米合計（20・1％）を上回った。2018年のシェアは23・6％に達している。

注目すべきは、日米中3カ国のシェア変動だけではない。3カ国を足しても昨年のシェアは4割強だ。かなり大きな数字ではあるものの、日米の2カ国で7割だったほどの寡占状態ではない。韓国は既にGDP規模で世界10位前後の経済力を誇るようになっており、それに伴って貿易相手も多角化が進んだということだ。

なぜ韓国は「正しさ」を重視するのか

前述した講演で五百旗頭氏がポスト冷戦の特徴として指摘した「地理と歴史の復活」も、韓国社会に大きな変化をもたらした。

韓国において直接的な契機となるのは1987年の民主化である。民主化が、過去の

「正しくない歴史」を見直す動きの顕在化につながった。それは「武」より「文」を重視し、「正しさ」を価値基準とする道徳主義の伝統復活でもあった。

この「正しさ」という言葉は、日本に対しては「正しい歴史認識」という形で使われることが多い。日韓両国の新聞データベースを調べてみると、この言葉が登場するのは民主化後の盧泰愚《ノテウ》政権であり、「32年ぶりの文民大統領」をアピールした次の金泳三《キムヨンサム》政権で急増した。

「文民大統領」というのは儒教の伝統といえる文民支配に戻ったということであり、朴正熙政権や全斗煥《チョンドゥファン》政権のような軍人支配は歴史的に見れば特異な時代だったということだ。この区分法だと、民主的選挙で選ばれた盧泰愚大統領も軍人出身だから「特異な時代」の続きということになる。

1987年の選挙で盧氏が当選したのは、民主化陣営の両巨頭だった金泳三氏と金大中《キムデジュン》氏が協力できず共倒れとなったからだ。結果的に盧政権は権威主義の名残をまとった移行期の政権であり、名実ともに民主化された韓国の政権といえるのは金泳三政権ということになる。

「正しい歴史認識」という言葉が盧泰愚政権で使われ始め、金泳三政権で急増するという流れはこれに符合する。

金泳三氏は政権のスローガンとしては「歴史立て直し」を掲げた。立て直し（見直し）の対象となったのは、民主化を弾圧した権威主義の時代と、日本の植民地支配下にあった時代だ。

前者については、1979年の軍部内クーデターで権力を握った全斗煥氏と、全氏の盟友としてクーデターに参加した盧泰愚氏という2人の大統領経験者を、遡及立法まで して断罪した。2人を支えた軍内の私的組織「ハナフェ」を壊滅に追い込みもした。軍から政治色を一掃する改革によって、軍事クーデターを心配する人はいなくなった。軍の非政治化についての金泳三氏の功績は大きい。

後者については、日本支配の象徴としてソウル都心の旧王宮内に建てられ、戦後も韓国政府庁舎や国立博物館などとして使われてきた旧朝鮮総督府の建物を解体した。

韓国政府系シンクタンク「東北アジア歴史財団」の南相九《ナムサング》研究委員は民主化以降の変化として、独立運動家の遺族への補償が大幅に拡充されたことを挙げる。それまで無名だった事件や独立運動家にも焦点が当てられるようになり、各地に記念碑が次々と建てられたという。南氏は「自分たちの歴史を探ろうとする『自分探し』だ」と話すが、これも「歴史立て直し」の一部なのだろう。

そうした「あるべき歴史」「正しい歴史」を追求するようになった韓国社会では、1990年ごろから元慰安婦や元徴用工を支援する動きが出てきた。民主化の流れの中で、未解決の社会問題として「発見」されたといえる。

冷戦下の韓国政府にとっては、歴史問題で日本との関係を決定的に悪化させるようなことはできなかったし、軍事政権は国民の不満を押さえつけることができた。反政府側にとっても韓国社会における最大の課題は民主化であり、歴史問題に関心を寄せるような余裕はなかった。

ところが1987年の民主化で状況は変わった。民主化運動を担った人々は「自分たちが民主化を成し遂げた」という強烈な自負心を持つようになり、その中から政治家になったり、さまざまな問題を扱う社会運動家になったりする人々が出た。

新しいテーマは、経済格差や福祉、人権といった韓国社会内部の問題だけではなかった。

それまでは韓国内ですら関心を持たれることのなかった元慰安婦や元徴用工の問題に取り組もうという人たちが出始めたのだ。

韓国挺身隊問題対策協議会（挺対協、現正義連）の中心メンバーとして活動してきた尹美香《ユンミヒャン》氏は2013年にインタビューした際、「民主化の過程で、日本の植民地支配から解放された後の問題を含めて歴史の清算をしなければいけないという意識が高まった」と振り返った。1990年創設の挺対協は、民主化運動後の新しい流れを象徴するもののひとつだった。

さらに無視できないのは、保守派を含めた多くの韓国人にとって「元慰安婦や元徴用工の訴えを無視してきた」のは誇れる歴史ではないという点だ。韓国がまだ貧しく、民主化もされていない時代だったから仕方ないとはいえ、申し訳なかったという感情を持つのは不思議ではない。

そのことが、彼ら、彼女らにある種の「無謬性」を与え、アンタッチャブルな存在としたのではないか。韓国社会の議論を見ていると、そんな思いにとらわれるのである。そうした感覚は、どの社会にもあるのではないだろうか。

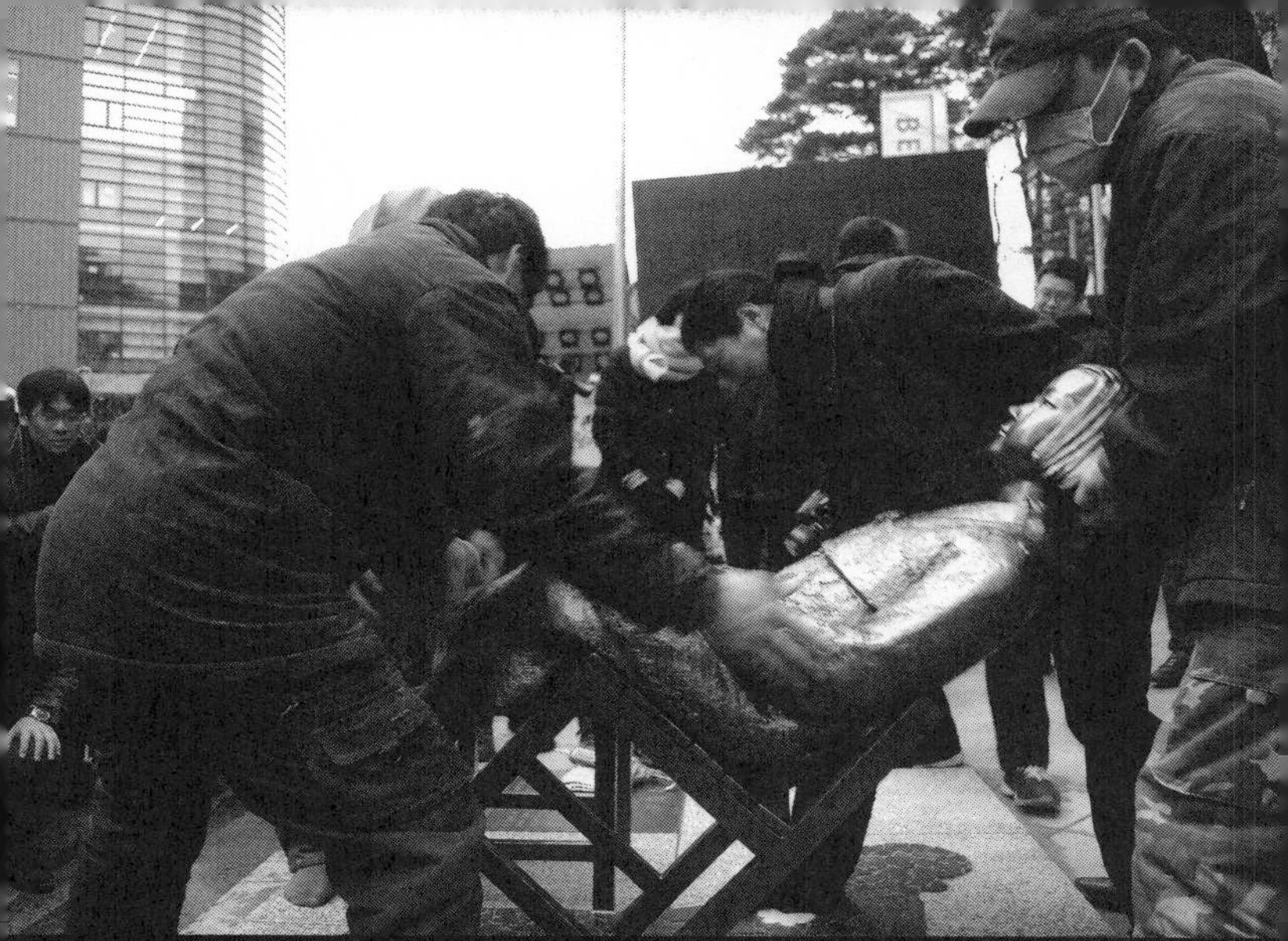

日本大使館前に少女像を設置する市民団体側の関係者(2011年12月、著者撮影)

第4章

観念論の韓国、経験論の日本

南北統一の「夢」はかなうのか

文在寅《ムンジェイン》大統領は2019年8月、北朝鮮との経済協力体制ができれば「一挙に日本の優位に追いつくことができる」と述べた。青瓦台の首席秘書官・補佐官会議で日本の輸出規制強化を批判し、対抗する姿勢を強く打ち出した際の発言だ。

日本では「北朝鮮との共闘で日本に対抗したいとの意向を示した」（共同通信）などと伝えられた。驚いたり、北朝鮮寄りの姿勢だと警戒したりといった反応が多かったが、「本気で言ってるの？」という疑念は共通していたように感じられた。

発言をもう少し詳しく見てみよう。文氏は「日本の経済報復を克服するにとどまらず、日本経済のもっと先を見るビジョンと強い覚悟が必要だ」と語って、日本の措置をむしろ跳躍の機会にしようと呼びかけた。

そのうえで、「日本経済がわれわれより優位にあるのは、経済規模と内需市場だ。南北間の経済協力によって平和経済が実現するならば、われわれは一気に日本の優位に追いつくことができる」という見通しを示し、最後に「大韓民国は、道徳的優位を基に成熟した民主主義の上に平和国家と文化強国としての位相をさらに高め、経済強国として新しい未来を切り開いていく。政府は、大胆な目標と歴史的召命意識を持って臨む。国民たちも自負心と自信を持って勝利する大韓民国の未来を一緒に開いていっていただきたい」と締めくくった。

一読して感じるのは、ずいぶんと大仰であるということだ。日本が仕掛けてきた経済戦争に対抗するという強い意気込みがあるとしても、「道徳的優位」や「平和国家と文化強国としての位相」「歴史的召命意識」という言葉は日本では違和感を持たれるのではないか。

ただ韓国でそうした感想を持つ人はいないだろう。儒教の影響が社会意識の底辺にしっかりと流れている韓国は観念論が重視される社会であり、こうした言葉はちょっとした会合での挨拶にも顔を出してくる。

私も数年前、ある会合での主催者挨拶で「ここに集まった人たちは歴史的召命意識を持った人びとだ」と言われて面食らったことがある。政治や社会問題をテーマに3カ月集中で毎週開かれる勉強会だった。幅広い人脈を持つ主催団体の力で講師は有名な人がそろっていたが、40人ほどの参加者はいわば社会の中堅と言われるような人たちだ。他の人たちは当然のように聞いていたが、恥ずかしながら私は「召命意識」の意味に自信を持てず念のため辞書を引いてしまった。

これに対して日本は、頭で理屈をこねくり回すよりも実践する方を優先させる傾向が強い。だから一般的に韓国語の発言を日本語に直訳すると、本来の意味以上に重いニュアンスを帯びてしまうことがある。本来ならば翻訳者の力量で調整すべきところだが、漢字語という共通語彙が多いうえに、語順がほぼ同じという「似ている点」に引きずられて大胆な意訳はためらわれてしまう。

日韓の社会意識にはこうした違いがあると折に触れて意識されるべきなのだが、残念なことに両国ともそうした意識は薄い。

文氏は8月15日の光復節（日本の植民地支配からの解放記念日）演説でも、「2032年にソウル・平壌共同五輪を成功させ、遅くとも2045年の光復100周年には平和と統一でひとつになった国として世界の中で屹立できるよう、その基盤をしっかり固めていくことを約束する」と統一への夢を語った。

そこで語られるのは「平和経済を構築し、統一で光復を完成させようと思う」という決意であり、「統一すれば世界6位の経済になる」「2050年ごろには（一人当たり）国民所得7万～8万ドル時代が可能」という将来展望だ。ただそこに至る具体的な道筋は何もない。

それでも文氏のこうした発言は、日本でそれなりに注目されたようだ。私は何回か「本気なのだろうか」と聞かれたので、「真面目に語っているという意味では本気だが、すぐ実現すると思っているかと聞かれればノーだろう」と答えておいた。

将来の夢をビジョンとして提示するのが、韓国では政治指導者としての「正しい」姿勢なのだ。反対する党派から厳しい批判が出るのは当然のこととして織り込まれており、そこで論戦をすればいい。

ただし論戦に熱中するあまり、どうやって実現させるのかという道筋作りはそれほど熱心に行われない。歴代の政権を見ていると、保守か進歩かを問わず、そうした傾向は同じである。

1970年代初めから韓国でのフィールドワークを重ねてきた人類学者である伊藤亜

人東京大名誉教授は、そうした傾向を「儒教社会における文人たちの理念重視ないし観念主義的な知的伝統」だと指摘する。

そして「民主化を背景として表立って儒教倫理を強調することは少なくなったが、人間や社会について論理体系的に論じる知的志向と権威志向は、特に男性の間では今も変わらない。それが日本における自己表現や意思疎通の在り方、期待される社会性とかなり異なることは、韓国で少しでも生活したことのある人なら誰もが実感するところである」という（伊藤亜人『日本社会の周縁性』）。

こうした気質に通じる話を、ソウルにある日中韓協力事務局の職員から聞いたことがある。事務局は、3カ国による協力を進めるため2011年に作られた国際機関で、環境や防災、国民交流といった事業を通じて相互信頼を築こうという「未来志向」の事業を行う。日中韓それぞれが外交官を派遣し、プロパーの職員も3カ国から採用される。

日中韓ほぼ同数の人材が対等な立場で机を並べて仕事をするというのは、民間を含めてなかなかないユニークな環境だ。プロパーの若い職員には日中韓英の4言語を操る人が珍しくなく、そうした意味でも異色の場所である。

この事務局には日中韓それぞれが「こんな事業をしたらどうか」と提案してくる。日本が提案するのは難易度が低く実現可能性が高いもの、中国はそれよりスケールが大きいものなどというお国柄が出る。

そして韓国は「どうやったら実現できるのと聞き返したくなるくらい壮大な事業を持ってくる」のだという。私が話を聞いた日本人職員は「そういう時に中国人は『韓国が無理筋を持ってくるのはいつものこと。放っておけばいい』と言うのだけれど、日本人は真面目に検討して『やっぱり無理だ』と韓国を説得しようとする。そうすると韓国は、実現したらいかに素晴らしいかという話を延々とするんだけど、『やっぱり無理』という判断になるとすぐに忘れてしまう」と笑っていた。

こうしてすぐに具体例に落とし込んで説明しようとするのは、伊藤氏が日本人の傾向として指摘するものだ。普遍的な論理で説明しようとする韓国人なら違う論法になるはずだ。日本の読者を相手に日本人が書くと、どうしてもそうなってしまうようである。

「皮算用」に踊る青瓦台

統一さえすれば韓国経済にはバラ色の未来が待っているという将来展望は、文在寅政権の専売特許ではない。文政権が「積弊」だと全否定する前任の朴槿恵《パククネ》大統領も2014年1月の新年記者会見で、統一は「(経済的に)大当たり」という夢を語っている。

朴氏は「国民の中には統一費用があまりにも多くかかるのではないかと考える人たちもいる。だが私は、ひとことで言えば『統一は大当たりだ』と考えている」と述べたのだ。

朴氏の言葉は、巨額の統一費用を心配するあまり統一を先送りしたい世論が高まっていることを受けてのものだった。心配する必要なんてない、統一すれば経済的な利益があるんだと国民を説得しようとしたのだ。

朴氏はこの時、「統一は韓国経済が大きく跳躍する機会だ」とも語った。日本との比較をしていないだけで、文氏の言ったことと大差ない。

朴氏の言葉は唐突感のあるものだったが、韓国社会では「統一論議」が突然盛り上がった。ソウルに30年以上駐在する名物記者の黒田勝弘氏は同年4月5日付『産経新聞』のコラムに「朴槿恵大統領による1月の年頭記者会見以来、時ならぬ（?）、北朝鮮との間の〝統一ブーム〟が起きている」と書いたが、ソウル特派員だった私の受けた印象も同じようなものだった。

朴氏の発言に多くの人が驚いたのだが、その後は大統領発言を前提にした議論が主流になったように思う。これは韓国社会における「大統領」の存在感を示す好例だろう。

韓国大統領の権限は絶大だと言われるが、実際に憲法で規定されている権力がそこまで強いわけではない。大統領の発言ひとつで「ブーム」が起きてしまうように、権力の集中が起きやすい政治風土の問題なのだ。大統領が保守派でも、進歩派でも変わらない。これもまた朴政権と文政権を比べれば明らかだろう。

さて朴氏の発言から数カ月も経つと、国策研究所や国からの助成を受ける民間研究機関によって「バラ色の統一」をテーマにしたシンポジウムがたくさん開かれるようになった。私も政府系研究機関のシンポジウムに呼ばれたのだが、テーマは「韓半島統一と周辺国の利益」だった。「統一と日本の利益」について発表をしてほしいと依頼された私は、「利益とだけ決め付けるのは違和感を覚える。懸念にも触れざるをえない」とやんわり断ろうとしたのだが、「それでもいいから」と言われて引き受ける羽目になった。

韓国の国立外交院外交安保研究所はこの年7月、「グローバルリーダーとしての統一韓国」という英文報告書を発刊した。韓国の資本と技術、北朝鮮の資源と労働力に外国からの投資を加えれば「爆発的な相乗効果」が生まれると規定し、統一韓国の経済力は将来的に世界7位になると展望。2040~50年ごろには、韓国の一人当たり国民所得（GNI）は8万ドル、北朝鮮地域も5万6000ドルに達するという見通しが示された。

韓国で統一問題の研究者となった脱北者の友人は、韓国歴代政権のこうした姿勢を「ひとりよがり」と辛辣に評した。

北朝鮮が望んでいるのは自らの体制に悪影響を与えないような形で経済的利得をえることであり、韓国との経済統合など望んでいない。韓国と北朝鮮の経済力格差を考えれば、南北の経済統合を本格的に進めるというのは韓国経済の下に北朝鮮の資源と労働力を組み込むことにしかならない。北朝鮮の立場から考えれば拒否感を持つのは当然なのに、なぜ分からないのかというのだ。

北朝鮮は、朴氏の発言に対しては「統一大当たりをうんぬんしながら、実際には吸収統一を準備している」と反発した。文氏が就任2カ月目にドイツの首都ベルリンを訪れ、北朝鮮に首脳会談を呼びかけた演説に対しても、「ドイツ式の『統一経験』を力説したのは、典型的な『吸収統一』、『自由民主主義による体制統一』を追求するもの」だと批判した。

南北統一に抱く韓国人の本音

文在寅大統領は2019年8月15日の演説で、統一の目標年次として2045年を挙げた。ただし演説全体を見ると、植民地支配からの解放100周年という節目の年を例示したにすぎないという印象を受ける。文氏は「経済協力が速度を上げ、平和経済が始まれば、いつかは自然に統一が現実のものになる」とも述べているうえ、具体的な道筋に関する話はゼロなのである。

文氏の対北朝鮮政策については、前述のベルリンでの演説を見た方がいい。東西ドイツの統一という韓国人に大きな衝撃を与えた出来事の象徴となる地を就任直後に訪れ、北朝鮮に首脳会談を呼びかけたのだ。

文政権はこの演説を「ベルリン宣言」と呼び、特別な位置づけを与えている。これは、金大中《キムデジュン》大統領が2000年3月にベルリン自由大学で行った演説の名前を借用したものだ。金氏の「ベルリン宣言」は史上初の南北首脳会談の呼び水となったものであり、進歩派にとっては特別な意味合いを持っている。

文氏はこの演説で、①北朝鮮崩壊を望まない、②吸収統一はしない、③人為的な統一は追求しない——と表明。さらに「統一は、双方が共存共栄しながら民族共同体を回復していく過程だ。統一は、平和が定着すれば、いつか南北間の合意によって自然に実現するものだ。私の政権が実現させようというのは、ひたすら平和なのだ」と述べた。

北朝鮮が核実験や長距離弾道ミサイル発射を立て続けに行い、トランプ政権が複数の空母を朝鮮半島周辺に展開するなど一触即発の雰囲気が続いていた中では、平和を強調するのは当然だろう。戦争になれば韓国では数十万人以上が犠牲になる可能性が高いのだから、「戦争だけは勘弁してほしい」という考えは党派を超えて共有されている。

むしろ目立つのは「共存共栄」である。演説では「南北が共に反映する経済共同体を作る」という考えも示された。政権発足半年後に韓国政府が出した冊子『文在寅の韓半島政策』の図解では、最上段の「ビジョン」として「平和共存、共同繁栄」という二つの言葉が並べられている。

日本の朝鮮半島専門家の間では「これまでの政権は建前としてでも『統一する』と言ってきたが、文政権は『平和共存』なのか」という驚きが語られた。共存共栄と平和共存、共同繁栄という言葉はどれも、2つの主体の存在を前提とするものだ。つまり「統一より平和」が、文政権の目標ということになる。

韓国世論の現状を知れば、それほど不思議なことではない。ソウル大統一平和研究院が2007年から毎年夏に行っている意識調査では、「可能な限り早く統一を」という人は1割しかいない。初の米朝首脳会談から1カ月ほど後に行われた2018年調査でも「可能な限り早く」は9・9%だった。

もっとも多いのは「急ぐより条件が整うまで待たねば」の67・7%であり、「今のままがいい」も16・7%だった。

統一できるとしたら何年くらい後かという質問への回答も毎年似たような傾向を示す。2018年調査で「5年以内」と答えたのは6・3%だけ。「10年以内」「20年以内」「30

年以内」がそれぞれ15～16％で、「30年以上」が18・7％。もっとも多かったのは「不可能だ」の20・7％だった。

背景にあるのは、統一によって予想される経済的負担だろう。ソウル大調査では２０１８年から、統一すべきでないとすれば理由は何かという質問が追加された。統一のマイナス面についての意識を探ろうというものだという。もっとも多かった回答は「経済的負担」の34・67％で、次が「統一後に生じる社会的問題」の27・67％だった。

韓国ではこれまでに何回も統一費用に関する試算が行われてきた。李明博政権だった２０１０年に政府系機関が作成した報告書では、北朝鮮が開放政策を取らないまま突然崩壊した場合、その後の30年間に2兆１４００億ドル（約２３０兆円）の統一コストがかかると試算された。

北朝鮮の社会インフラや個人所得を韓国側とそれほど落差が大きくならない程度にするために必要な経費を計算したというのだが、これは当時の韓国の国内総生産の2倍を超える金額だった。

「失われた20年」の予感におびえる韓国

統一に巨額の費用がかかると言われても、経済が絶好調ならばそれほど気にならないかもしれない。しかし韓国では数年前から「日本の失われた20年と同じ状況に陥るかもしれない」という警告が繰り返されるようになっており、明るい展望を描ける状況にはない。

韓国は1960年代から日本をモデルにして輸出主導の経済成長を続けてきた。1997年に通貨危機に見舞われたが、日本型から「グローバル・スタンダード（実際にはアメリカン・スタンダード）」に切り替えることで難局を乗り切った。

通貨危機の最中にスタートした金大中政権は救済融資を行った国際通貨基金（IMF）の求めに応じて新自由主義的な改革を断行し、後任の盧武鉉《ノムヒョン》政権も経済政策は新自由主義路線を取った。2人とも対北朝鮮政策や人権問題では進歩派なのだが、経済政策は違った。

2000年代には中国の高度成長の波に乗って、中国の製造業が必要とする部品など中間財を提供することで韓国経済は潤った。しかし中国企業の追い上げは急速で、韓国企業は苦戦を強いられるようになった。日米などの背中を追うキャッチアップ段階は終わったけれど、創造的な技術と市場を生み出す先進国型産業への移行は一朝一夕にできることではない。

経済が成熟するにつれて成長率の低下傾向も鮮明になっている。1991～2000年のGDP成長率は年平均6・9％だったが、2001～2010年には同4・4％にまで低下した。2011年以降は3％を下回ることが珍しくなくなっている。

通貨危機を乗り切るための構造改革も、韓国社会に負の影響を残した。最大のものは貧富の格差拡大だろう。企業は大規模なリストラを行うとともに、その後も採用を抑制して労働コストを増やさないように努めた。日本と同じように正社員の採用を控え、雇用の調整弁となる非正規雇用を増やしたのである。

韓国の労働関連法規が、日本以上に手厚く正社員を保護していることも非正規雇用の増加につながったとされる。正社員の労組が賃上げ要求ストを繰り返してきた現代自動車の平均賃金は今や、トヨタ自動車より高くなった。

韓国経済新聞によると、韓国自動車メーカー5社の平均賃金（2017年）は9072万ウォン（本書執筆時のレートで約840万円）で、トヨタ自動車の832万円と大差なかった。そのあおりを食っているのが、これから就職しようとする若者たちという構図だ。

格差の象徴が財閥だろう。韓国の財閥は、開発独裁の時期に政府と一体となって経済成長を担った。限られた資源を有効に使うために仕方ない側面はあったが、政経癒着があったことは否定できない。

それでも創業者の多くは苦労して大企業に育て上げた力量が国民から肯定的に評価されたが、今や経営トップは3世や4世の時代になった。彼らに対しては「特権階級化している」という反発が強いから、大韓航空の「ナッツ姫」のような不祥事を起こせば容赦ないバッシングになるのである。

ナッツ姫騒動の時、ソウルの証券アナリストから聞いて驚いた話がある。財閥にやさしいとされる保守政権の時でも、経済事件などのスキャンダルで財閥オーナーが拘置所や刑務所に入れられることがあった。

韓国企業はオーナーのトップダウンで経営を行うから「オーナー不在で経営判断が遅

れて大変だ」というニュースが流れることが多かったのだが、実際にはそうとも言えないというのだ。拘置所や刑務所には特別接見室があり、そこに顧問弁護士が書類を持ち込んでオーナーに決済を仰ぐからなのだそうだ。

にわかに信じ難かったので、韓国人の経済記者に聞いたら本当の話だと言われて絶句した。こんなことがまかり通っていたら、批判されるのは当然だろう。

大企業と中小企業の待遇格差も拡大する一方だ。韓国の労働統計から正社員の賃金格差を企業規模別に計算すると、通貨危機の前年となる１９９６年には従業員５００人以上の大企業の賃金を１００とした時に、30〜99人の企業は73あった。だが、10年後の２００６年には66になっていた。

韓国政府系シンクタンクである中小企業研究院は２０１９年に企業規模と賃金格差に関する日韓比較を行った。その報告書によると、日韓どちらも企業規模が大きいほど賃金は高かった。

ただ、それぞれの大企業（従業員５００人以上）の賃金を１００とした時に、日本は10〜99人の企業が83・8なのに対し、韓国は57・2だった。それ以外の規模については表1に

表1　企業規模による平均賃金の格差

従業員数	韓国		日本	
	2012年	2017年	2012年	2017年
1～4人	33.7	32.6	66.5	71.8
5～9人	50.7	48.3		
10～99人	59.8	57.2	77.7	83.8
100～499人	72.6	70.0	85.8	87.8
500人以上	100.0	100.0	100.0	100.0

出所:「韓国と日本の大·中小企業間賃金格差比較分析」韓国中小企業研究院

示すが、企業規模による格差は日本と比較にならないほど大きい。

若者たちは当然のように大企業や公務員試験の狭き門に殺到する。ソウルの有名大学を卒業しても大企業に就職できなければ、就職浪人をすることになる。

日本に比べると、就職浪人への抵抗感はきわめて小さいようだ。結果として、若年失業率（15～29歳）は10％前後を記録するようになっており、就職活動をあきらめた人を含めれば2割近いといわれる。

一方で日本以上のスピードで少子高齢化が進んでいる。生産年齢人口（15～64歳）はすでに2012年をピークに下降局面に入った。日本のピークは1992年なので日本より20年遅れということになるが、韓国の方が減少カーブがきつい。2020年の高齢化率（予測）は日本29・1％、韓国15・6％なのだが、2050年には日本38・8％、韓国38・1％と並び、2060年には日本39・9％、韓国41％と逆転してしまうのだ。

文政権は、公共部門を中心とした雇用を作り出すとともに、非正規雇用の正社員への転換、最低賃金の引き上げ、住居費や通信費の引き下げといった政策を組み合わせて可処分所得を増やす「所得主導成長」を掲げた。所得が増えれば消費が拡大し、企業が投資をすることにつながり、経済全体が成長するという考え方だ。

ただ、最低賃金を2年連続で10％以上引き上げたり、労働時間を週52時間に制限する規制を導入したりと、急進的な政策を取ったため、中小零細の多いサービス業などを中心に失業が増えるなど深刻な副作用が出た。週52時間制は日本の残業80時間規制のようなものだが、週単位で厳格に時間数を管理するうえ、違反した場合の罰則が厳しくなっている。

ただし、韓国経済が1997年の通貨危機のように深刻な事態になる可能性は現時点では高くない。「輸出主導」と言われ続けてきた韓国経済だが、２０００年代後半から対外直接投資が大きく伸びており、２０１０年代に入ってからは海外からの利子や配当などの「所得収支」が黒字となった。

短期対外債務の外貨準備高に占める割合も２０１０年代になると50％以下が定着しており、２０１８年は31・４％である。通貨危機直前の韓国は経常収支赤字に悩み、短期対外債務が外貨準備高の2倍以上に達していた。

ジム・ロジャース氏の「予測」をもてはやす理由

「南北経済協力で日本に追いつく」とか「統一は大当たり」は、裏返してみれば韓国経済の閉塞感から出てきた願望だともいえる。そもそも実現可能性は高くないし、文在寅政権や朴槿恵政権が本気で取り組んでいるようにも見えない。それに、よく考えてみれば北朝鮮との経済協力を始めたとしても、すぐ大きな効果が出るわけはないのである。

ただ本当に北朝鮮との経済統合や協力が実現するならば、長期的には韓国経済にプラスとなるのも事実だ。北朝鮮の核問題が解決されるのはもちろん、安全保障環境が大きく好転することが前提となるのだから、国防費削減という「平和の配当」を期待することもできるだろう。徴兵制を廃止して志願制に転換できれば、兵役によるキャリアの断絶に悩んでいる韓国の男性にとっては福音だ。

北朝鮮の鉄道や道路などのインフラはぼろぼろなので、巨大な公共事業が生じる。釜山から中国、欧州への鉄道輸送が可能になれば、韓国の製造業にとっては物流事情が大きく改善される。

ロシアが進めたがっているサハリンから北朝鮮を経由して韓国へとつながるガス・パイプラインが建設されれば、エネルギー調達先の多角化を図ることができる。北朝鮮をめぐる安全保障上の懸念が解消されているのならば、国際社会からの資金協力を得られるだろうから、韓国の負担は軽減される。

言葉の壁のない、勤勉な労働力も魅力的だ。2016年に閉鎖された開城工業団地に入居していた韓国企業125社は「とても儲かっていた」(韓国統一省当局者)。ソウルから車で1時間余りという好立地に、約5万5000人いた北朝鮮労働者の賃金は各種手当込みで月150ドル程度というのだから、利益が出て当たり前だ。

日本並みに高くなった韓国の人件費では採算の取れない労働集約型の工場が、次々に進出していたのが開城工業団地だ。経済統合が進むとなれば賃金は上昇するだろうが、それでも韓国に比べれば安いはずだ。

少子高齢化の進行を遅らせる効果を期待する向きもある。韓国統計庁が2019年に出した報告書によると、2015～20年の出生率は韓国（1・11）より北朝鮮（1・91）の方が高く、平均寿命は北朝鮮の方が10歳ほど短い。そのため南北合計で考えれば、2019年の高齢化率は13％と韓国単独より1・9ポイント低くなり、2067年になっても37・5％と韓国単独の場合の予測より9ポイントも低くなるのだという。

さらに北朝鮮には世界有数の地下資源がある。鉄鉱石や石炭だけでなく、レアアースであるタングステンやモリブデン、コバルト、チタニウムなども豊富で、世界最大の埋蔵量だと考えられているものもある。埋蔵量400万トンとも言われるウラン鉱床があるから、独自の核開発を進められるのだ。

日本の植民地時代には朝鮮半島北部の豊富な地下資源を活用する（当時としては）巨大

なコンビナートが建設され、第二次世界大戦末期には日本の軍需生産基地となっていた。

こうした未来予測を裏付けるものと韓国でもてはやされるのが、かつてジョージ・ソロス氏とともに投資ファンドを運営していたことで知られる米投資家、ジム・ロジャーズ氏の存在だ。

ロジャーズ氏は２０１０年代に入ってから、体制崩壊を視野に入れたうえで北朝鮮を「有望な投資先」だと公言している。２０１9年3月5日の日本経済新聞の英文電子版によると、ロジャーズ氏は2月末にハノイで行われた2回目の米朝首脳会談が決裂に終わったにもかかわらず、日経のインタビューに「北朝鮮はこれからの20年間（の世界）で最大の投資機会だ」と語った。ロジャーズ氏は、北朝鮮の豊富な地下資源と安価かつ教育程度の高い労働力と、韓国の豊富な資金と経営経験を理由として挙げた。

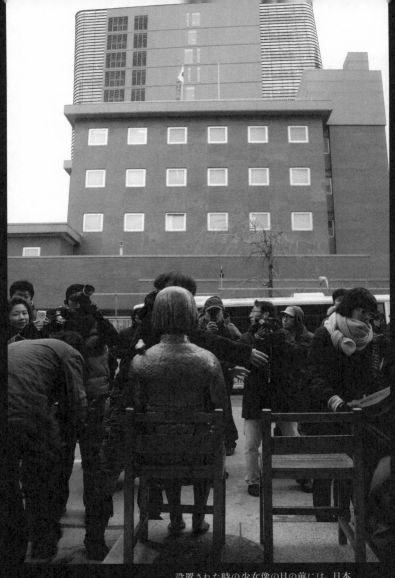

設置された時の少女像の目の前には、日本大使館が建っていた。現在は後にある高層ビル内に引っ越している(2011年12月、著者撮影)

第5章
韓国好きの若者と、韓国嫌いの中高年男性

日本の中高生はなぜ「韓国が大好き」なのか

自らもK－POPにはまった経験があり、現在はSNSマーケティングの仕事に携わる飯塚みちかさんは「昔だったら日本のアイドルにはまっていたはずの子たちが、今はK－POPにはまっている。日本のエンタメ業界は、もう少し危機感を持った方がいい」と話す。

島根県出身の1991年生まれ。高校生の時にK－POPのファンとなり、早稲田大文化構想学部4年生の時、韓流アイドルのマーケティング手法や先進的なスマホビジネスについて学びたいと高麗大（ソウル）に留学した。

大学卒業後はSNSマーケティングの仕事をしつつ、韓流関連の記事をウェブメディアに書いたり、少女漫画雑誌でファッションや韓国トレンドの特集をする際に企画を担当したりしている。

そんな飯塚さんがマーケティングの仕事をしていて感じるのは、日本のエンタメ業界が小学生や中高生を相手にしていないことだ。少子化の影響もあって、若年層をターゲットにするという時でも可処分所得のある20代以上になってしまうのだという。日本の地上波テレビが「おじさん、おばさん向け」になっていると言われるのと同じ現象だろう。

一方で、「K－POPはきちんとした世界戦略の下で若者に食い込む努力をしている」。スマートフォンやネットがあれば無料で楽しめるユーチューブなどを活用し、おカネがなくても楽しめるコンテンツを提供する。そこからファンを拡大してビジネスを広げるのが、韓流ビジネスの基本戦略となる。

飯塚さんと待ち合わせたのは、韓流関連のショップや韓国料理の店が建ち並ぶ東京・新大久保だ。平日の昼過ぎだというのに制服姿の女子高校生らしい集団をたくさん見かけた。

飯塚さんは「修学旅行で東京へ来たという地方の子たちが多い」と話す。小学生や中高生向け雑誌の読者アンケートでは、「東京で知りたい町」として不動の1位だった原宿を新大久保が抜くことも出てきたそうだ。

背景にあるのは、日韓それぞれの国内市場の大きさだろう。1億3000万人の人口を持つ日本のビジネスは自国市場でそれなりの満足感を得られるが、5000万人の韓国は自国市場だけでは限界があると認識する。

冷戦終結を受けたグローバリズムの波の中で、韓国のエンタメ業界が世界市場に目を向けるのは自然なことだった。こうした構図は経済全般に共通している。韓国政府はさらに、韓流コンテンツを通じた自国イメージの向上が他の産業にも波及効果をもたらすと考えて政策的に後押しした。

結果として日本の中高生たちをターゲットにしたマーケティングをしているのは、韓流コンテンツばかりということになる。飯塚さんはさらに、韓流コンテンツが漫画など日本の大衆文化の世界観を上手に取り込んでキャラクター作りに生かしていると指摘する。だから、日本人に受け入れられやすいのだ。日本のエンタメ業界から相手にされていない若者たちが、自分たちに向き合ってくれる韓流に流れるのは当然だろう。

世界中で「韓流」がヒットする理由

飯塚さんの話を聞いた私は、１９３４年生まれの長老文化人である李御寧《イオリョン》氏にインタビューした時のことを思い出した。１９９０年前後に韓国の初代文化相を務め、日本でも『「縮み」志向の日本人』などの著作で知られる人物だ。ソウルでの２０１２年のインタビューで李氏は、韓流について「純粋な韓国の伝統文化ではない。西洋の文化を新しい形にして世界に発信している。だから欧米でも受け入れられている」と評したのだ。

韓国の西洋文化受容は１９８０年代まで、日本というフィルターを通すことが多かった。明治維新以降、西洋の近代文明は日本を経由して朝鮮半島へ流れたし、日本の植民地支配から脱した戦後も冷戦終結までそうした流れは続いた。

李氏のいう韓流のベースには「日本経由で受容した西洋文化」が多く含まれることになる。だからこそ、日本市場との親和性は特に高くなるのではないだろうか。

李氏はさらに、世界に先駆けて韓国が情報化社会に移行したことを韓流の基盤として挙げた。それは、インフラ整備の遅れた後発国の方が先進国よりデジタル基盤の整備を進めやすいという世界的な現象に通じるものだ。既存の資産をどうするか悩まなくていいし、デジタル基盤は安価に構築できるからだ。

李氏は「私たちはアナログ時代に乗り遅れたからこそ、デジタルの世界に直接入っていけた。日本のように産業化時代の蓄積が多かったら、それに手足を取られて先へ進むのに苦労しただろう。災い転じて福となすと言うが、後発の利益を享受できたのは運が良かった」と話していた。

繰り返し指摘されることだが、ここ数年の韓流ブームの背景には、スマホの登場とソーシャルメディア（SNS）の急速な普及がある。

SNSは子供たちの世界にも大きな影響を与えている。小学生や中高生の世界では今、人気や影響力の大きさを「スクールカースト」という言葉で表現する。

カーストの上位にいる女子は、みんながあこがれるものを持つ「おしゃれ」な子たち。飯塚さんが中高生だった2000年代半ばには携帯電話、数年前からはスマホを持っているかどうかが大きな要素になった。

SNSを通じた情報収集で「おしゃれ」を演出するカースト上位の子供たちの間でまず、韓流グッズが「かわいい」と拡散され、それが周囲に広まった。いま流行している韓流は、基本的にすべて「インスタ映え」するのである。

ただし、家庭の教育方針の影響でこうしたカーストに入ってこない子供たちも一定数いて、こうした子たちは韓流にも関心を示さない。だから「中高生の間で韓流ブームだというけれど、うちの子供の周囲にそんな子はいない」という大人が出てくるのだという。

そうした認識ギャップは、現代の社会構造を考えれば不思議ではない。インターネットの発達によって個人の趣味や好みが細分化され、それでも十分に本人は楽しめる状況になった。

ネット用語で「クラスタ」と呼ばれる特定のグループの中で爆発的な流行が起きているけれど、そのグループに属していない人々には全く関心を持たれないことなど日常茶飯事である。

大晦日のNHK紅白歌合戦という番組は今も続いているけれど、昔のような国民的アイドルなどいないし、そもそも家族全員が知っている歌手や歌すら珍しくなってしまった。第3次韓流ブームも同じことで、関心を持っていない人の視界には入ってこないのだ。

1960年代以降のカルチャーシーンを大学時代に研究した飯塚さんはさらに、韓流ブームにはカウンターカルチャーとしての機能があるのではないかと見ている。かつてのビートルズやミニスカート、みゆき族と同じように、年長者が理解できないからこそ若者の間で人気が出るということだ。日本と韓国の若者が共に息苦しさを感じていることで、互いにシンパシーを感じる部分もあるのではないかという。

「大人たちが若者を切り捨てているのは、日韓とも同じこと。社会問題に対する意識は、日本と韓国の違いより、世代間の違いの方が大きい。子供や若者は、大人たちが考えているほど単純ではありません。若者が社会問題に関心を持っていないと言うけれど、政治は若者に向き合ってきたと言えるのでしょうか」

飯塚さんの問いかけに、上の世代はどう答えればいいのだろうか。

韓国に「あこがれる」日本の若者

1967年生まれの私は、飯塚さんの言う「大人」世代だ。中高生の頃には韓国のことなど考えたこともなかった。20歳だった1988年の夏にバックパックを担いで初めて韓国を旅行したのだが、韓国を行き先に選んだのは1カ月後に迫っていたソウル五輪とも無関係で、単にアルバイトをして貯めた予算の制約でそこしか行けなかったからだった。

それなのに、3週間のひとり旅を通じて「日本と同じようでいて違う」隣国に関心を抱くようになり、結局は朝鮮半島情勢を専門に追うようになった。人生とは面白いものである。

縁があって翌年にはソウルで韓国語を学ぶこととなったから、韓国の歌や映画にはその頃から親しんできた。同世代の日本人の中では韓国文化に親近感を持っている方だろうと思うし、日本の若者に韓流人気が高いことも不思議とは思わない。

そもそも男性グループ「防弾少年団（BTS）」の人気は世界的なものであり、「日本で人気」などというレベルではない。BTSは2019年4月、ビートルズ以来という1年間で3回の米ビルボード・アルバムチャート1位という驚異的なセールスを記録した。

日本の中高年世代に「上から目線」で韓国を見る傾向が残っているという話をすると、若者から「なんで『上から目線』になるんですか？」と聞かれるのだが、それにも慣れてきた。

今の若者たちには日韓の国力差などと言われてもピンとこないのである。飯塚さんから「韓国っぽいというのは、カッコいいという意味で使われている」と聞いても、「そんなものか」と思った。

それでも、日本の大学生と韓国からの留学生を集めたシンポジウムの司会をした時、日本人学生から「韓国はあこがれの対象」と言われた時には驚いた。「韓国で流行しているというのは宣伝文句」なのだという。

私たちの世代の感覚で言うなら、「ニューヨークの最先端」とか「フランスで流行」といった言葉と似たような印象ということなのだろう。後で20代の若手記者に聞いてみると、「10代の頃から目にしてきた韓国には最先端というイメージがある」という答えが返ってきた。

シンポジウムに参加した立教大1年の筑波まりもさんは小学校3年生のころ、東方神起のファンだった母親の影響で韓流に触れるようになった。ドラマを通じて見た隣国には日本のコンビニがあり、日本の食事や製品が当たり前のように映っていた。

ドラえもんが出てくることもあって「日本の文化が受け入れられている」と知り、遠いイメージを持っていた「外国」を身近に感じるようになった。一方で、ドラマで観ているだけでも「思ったことをズバズバと口にしたり、人との距離感が近かったり、日本と似てるようで似てないんだな」とも思ったという。

転機となったのは小学校6年生の夏休み中に、李明博《イミョンバク》大統領が竹島に上陸したことだ。テレビでは韓国の悪口ばかり流れ、同級生からも「韓国なんて悪い国をなんで好きなの」と言われた。

母親と一緒にソウルを旅行してみると親切にしてくれる人ばかりで、ドラマを観ても一方的に日本を嫌いと言っているわけじゃないと感じたけれど、「韓国の文化を好き」とは言いづらくなった。ネットで悪口を書いている人がいるのを見ていたから、大人の前では「この人も本当は韓国嫌いなんじゃないか」と顔色をうかがうようになってしまった。

それでもメディアや大人たちの話は一方的だと感じ、韓国側の言い分も知りたいと思ったという。大学生になる頃には韓国語を読めるようになって、自分で確かめたい。そう考えて中学2年生の時から自宅近くの韓国語教室に通った。その甲斐あって大学では韓国語の上級クラスに入った。「上級クラスにいる学生たちは単純にK－POP好きとかではなくて、文学やメディアなどにも関心を広げている」という。

筑波さんは第3次韓流ブームについて、「第2次ブームの時に乗れなかった子も第3次では乗ってきた感じ。中学校の時に『韓国なんて大嫌い』と言ってた子が、久しぶりに会ったらバンタン（防弾少年団の略称である「防弾」の韓国語読み）のファンになってて驚いた。第2次の頃の韓流にはまだマイナーという感じがあったけれど、今はもう当たり前のジャンルになった感じ」と話す。

さらに、日韓の政治的対立について「お互いが感情的になりすぎてこじれてる。私も、政治的な話では韓国の主張がおかしいと思う点があるけれど、それと文化は別のもの。政治的な対立が原因で民間交流を中止するなんて馬鹿らしい話で、政治に振り回されすぎだと思う」と話していた。

「観光は平和へのパスポート」という言葉がある。国連が1967年を国際観光年に指定した際に制定したスローガンだ。大学で観光について学ぶ筑波さんは、この言葉を引きながら「実際に行き来することで誤解や偏見をなくすことができるんです」と力説するのだった。

日本を席巻する「第3次韓流ブーム」の正体

第3次韓流ブームというのは実際にどれほどのものなのだろうか。まず第1次と第2次の韓流ブームとは何かを見ておこう。

「第1次韓流ブーム」というのは2003年にNHKがBSでドラマ「冬のソナタ」を放送したことを契機に起きたものだ。主演の「ヨン様」ことペ・ヨンジュンを追いかける中高年女性を中心とした大ブームとなった。

私はこの時にソウル特派員をしていたのだが、ソウル市内のホテルでのイベントに登場するペ・ヨンジュンを一目見ようと、日本人女性ファンが押し合いへし合いする姿に驚かされたものだ。その後韓流ドラマが日本の地上波で放送されることは珍しくなくなり、「宮廷女官チャングムの誓い」には多くの男性ファンが付いた。

一方、2010年にドラマ「美男ですね」がフジテレビなどで放送され、主演のチャン・グンソクの人気に火がついたことで、「第2次韓流ブーム」は始まった。第2次韓流ブームではK－POPが特に注目され、ガールズグループの「少女時代」や「KARA」、男性グループである「東方神起」「BIGBANG（ビッグバン）」「2PM」などが主導した。「冬ソナ」放送の前年である2002年にはサッカー・ワールドカップ（W杯）が日韓共催で行われていた。日本政府が毎年秋から冬にかけて行う「外交に関する世論調査」でも、それまで4割前後だった「韓国に親しみを感じる」という回答が1990年代末から上昇を始めた。2000年にはソウル五輪のあった1988年（50・9%）を上回る51・4%となり、2003年には55%だった。それだけに第1次韓流ブームは多くの人に認知され、2004年の流行語大賞トップテンには「冬ソナ」が選ばれた。

第2次韓流ブームは、韓国経済がリーマンショック後の世界的不況からいち早くV字回復を果たした時期に重なる。サムスン電子に代表される韓国企業が世界市場で存在感を増し、日本では「日本企業はなぜサムスンに負け続けるのか」（『文藝春秋』2010年2月号）などといった記事が雑誌をにぎわせた。

サムスン電子は、米インターブランドの算出する「世界ブランドランキング」で2012年に初のベストテン入りを果たし、トヨタの10位を上回った。その後もサムスンの快進撃は続く。2019年のランキング1位はアップルで、グーグル、アマゾン、マイクロソフト、コカコーラと続き、6位がサムスン、7位がトヨタである。

第2次韓流ブームの絶頂期は2012年夏までだろう。2011年のNHK紅白歌合戦には東方神起、少女時代、KARAというK－POPスター3組が顔をそろえたが、2012年8月の李明博大統領による竹島上陸で一気に熱が冷め、同年の紅白歌合戦からK－POPスターの姿は消えた。

さて第3次韓流ブームである。第3次韓流ブームの特徴のひとつは、起点が「2016年から翌年にかけて」といった具合に、明確でないことにある。テレビや雑誌といった既存媒体を通じたドラマやK－POPへの接触が起点となったこれまでと異なり、第3次ブームは化粧品（コスメ）やファッション、食品などの「商品」がSNSで人気を呼ぶ形で始まったからだ。年齢層では10代から20代にかけての流行であり、中高年世代を巻き込んでいないことも、特徴として挙げられる。

韓国政府系機関である韓国コンテンツ振興院の日本拠点がまとめた、第3次韓流ブームに関するリポートは、「日本で2015年を前後して10代、20代の女性をターゲットとした雑誌の休刊が相次いだ」ことと、2000年以降に生まれた女子中高生が「デジタルネイティブ世代」であることなどを、第3次韓流ブームの背景として挙げた。日本のエンタメ業界が中高生を見ていないという飯塚さんの指摘にも通じる。

世代間のギャップはランキングにも如実に出ている。「日経TRENDY」誌の「ヒット商品ベスト30」を見ると、2004年には「冬のソナタ」が1位、2011年にはマッコリが7位、韓国発の健康食品「紅酢（ホンチョ）」が18位に入っているが、第3次ブームの時期である2017年から2019年のベスト30に韓国関連は見当たらない。

一方で、女子中高生向けのマーケティング支援などを手がけるAMF社による「JC（女子中学生）JK（女子高生）流行語大賞」では、2017年のヒト部門1位が韓国発のガールズグループ「TWICE（トゥワイス）」、モノ部門1位がフュージョン韓国料理の「チーズタッカルビ」、3位が韓国コスメ「ウユクリーム」だった。2018年は、モノ部門2位に韓国風に撮影できるプリクラ機で通称「ピンモン（ピンクピンクモンスター）」、3位に韓国風フュージョンスナック「チーズドック」、4位に日韓合同オーディション番組「プロデュース48」となった。ピンモンについては「撮影の説明は全て韓国語でされるため『韓国っぽ』として、インスタ上では「#ピンモン」で11万以上の投稿がされるなど女子中高生を中心に広がって」いると説明されていた。「韓国っぽ」は、前述の通り格好いいという意味だそうだ。

そして、男性グループ「BIGBANG」のメンバー、D－LITE（テソン）を表紙モデルに起用して「ツウの韓国」という80ページ超の特集を組んだ講談社の女性誌「FRaU」2017年7月号は、発売直後からSNS上で大きな話題となり緊急増刷となった。2019年のオリコン年間ランキングでは、音楽ソフトの総売上金額で4位がTWICE、5位がBTSだった。ちなみに1位は嵐、2位が乃木坂46、3位がKing＆Prince（キンプリ）である。

違った観点からのアプローチも出てきている。家父長的な古い意識が残る韓国社会での女性の生きづらさを描き、韓国で100万部を超えた小説『82年生まれ、キム・ジヨン』の日本語訳が2018年12月に発売され、韓国の小説としては異例の14万8000部（2019年11月現在）というベストセラーとなった。日韓の作家10人による短編競作などを並べて「韓国・フェミニズム・日本」という特集を組んだ河出書房新社の季刊文芸誌「文藝」2019年秋季号は、1933年の創刊号以来となる86年ぶり2回目の3刷を記録

表2　訪韓日本人女性の世代別分布（人）

	20歳以下	21～30歳	31～40歳	41～50歳	51～60歳	61歳以上
2002年	105,314	287,819	153,490	129,764	155,073	99,035
2011年	165,660	515,630	335,037	303,532	320,721	264,391
2018年	262,501	588,259	265,764	284,183	250,046	179,793
02年と18年の変化（倍）	2.49倍	2.04倍	1.73倍	2.19倍	1.61倍	1.82倍

表3　訪韓日本人男性の世代別分布（人）

	20歳以下	21～30歳	31～40歳	41～50歳	51～60歳	61歳以上
2002年	80,303	193,286	290,041	305,530	330,545	176,895
2011年	84,174	162,130	267,442	313,716	266,810	253,793
2018年	78,679	161,037	191,024	265,257	216,435	178,382
02年と18年の変化（倍）	0.98倍	0.83倍	0.66倍	0.87倍	0.65倍	1.01倍

出所:韓国観光公社

した。

韓流は日本以外の市場でも伸びている。韓国コンテンツ振興院によると、出版や映画、書籍などを含むコンテンツ産業の輸出額は2005年の12億ドルから2010年に30億ドル、2017年に85億ドルとなった。かつては日本市場への依存度が3割以上だったが、最近は中国に台湾と香港を加えた中華圏のシェアが輸出額の5割近くを占めており、日本のシェアは2割を切っている。

韓国を訪れた日本人数を男女別・世代別にみると興味深い傾向を読み取れ

る（表2 表3）。サッカーW杯のあった2002年と第2次韓流ブームのピークだった2011年、そして2018年を並べてみた。この間に女性の韓国訪問者数が大きく伸び、中でも若い女性の増え方が激しいことは一目瞭然である。一方で男性はどの世代を見ても、横ばいもしくは減少となっていた。

なぜ韓国を「上から目線」で見てしまうのか

第3次韓流ブームとは言っても、中高年世代の中にはまるで縁がないという人が少なくない。前述の筑波まりもさんに参加してもらったシンポジウムでの「韓流トーク」を聞いた70代の男性は、「初めて聞く話ばかりだ」と目を丸くしていた。

この時に司会をした私は、聴衆からの質問を受け付ける時に「演説ではなく質問を。演説を始めたら司会の権限で打ち切ります」と注意しなければならなかった。日韓関係のシンポジウムで、質問時間に長々と「韓国批判演説」をぶつ人を、たくさん目にするようになっていたからだ。

韓国では以前から日本批判の熱い演説をする「常連さん」が何人かいるのだが、日本でもこういう人が出てきたのは驚きだった。

シンポジウムだけではない。２０１９年初めに出たあるパーティーでは、60代後半だと思われる初対面の男性から、こちらが自己紹介したとたん、「朝鮮半島が専門だというから聞くんだけど」と切り出された。自覚していないのだろうが、かなり居丈高な態度だと感じた。

その男性は「韓国はなんだ、あれ？　やっぱりおかしいな」と、韓国批判演説を続ける。ここはパーティーであって、議論する場ではない。場を盛り上げる義務が私にあるわけでもないが、かといって、行きがかり上無視もできない。

仕方がないので、冷戦終結からの30年間に日韓関係は根本的に変わってきていること、お互いが変化した関係に適応できず、政治的な摩擦が激化していることなどを説明した。第3章に書いたことを簡単に伝えたつもりだが、あまり納得してはもらえなかった。

こうした人々と話していて感じるのは、近年の韓国の行動に対する「許し難い」「生意気だ」という感情である。根底にあるのは、日本は少なくとも国交正常化後には韓国に配慮し、韓国の経済発展を助けてきたという自負だろう。そうして積み上げてきた日韓関係を否定するように見えるから、近年の韓国側の動きが許し難く見えるのではないか。

そうした感情を抱くようになる事情は人それぞれではあるだろうし、彼らの主張にも一理あることが多い。だから、すべてを否定するつもりはない。

ただ、そうした感情の背景に、韓国への「上から目線」を感じるのも事実である。現在の中高年が社会へ出た時代には、韓国は明らかに弱小国であり、日本とは比較しようがないほど弱い存在だったからだろう。

同時にバブル経済が崩壊する前の日本には、韓国が少しくらい無茶なことを言っても、政治経済的に受け入れる「余裕」があった。

「三つ子の魂百までも」ではないが、若い頃の物の見方から自由になることは、どんな人にも難しい。韓国の国力が強くなったことを直視すべきだと説く私にしても、そうした「上から目線」から完全に自由だと言い切る自信はない。韓流にあこがれて育った若い世代とは、どうしても感覚が違うのである。

韓国に対する「感じ方」において、世代間で差があることは当然だ。その「世代差」

自体の善し悪しを論じるつもりはない。

ただ、そうした世代差は、事実として世論調査から読み取れるのである。分かりやすいのは、日本政府による「外交に関する世論調査」だ。米国や中国、韓国について「親しみを感じるか」などの設問を毎年調査している。

2019年調査では、韓国に親しみを感じると答えた人は26・7%だった。同じ質問を1978年に始めてから最低となった。朴槿恵《パククネ》政権初期に慰安婦問題での対立が激化し、「告げ口外交」だという非難が日本国内で高まった2014年の31・5%がそれまでの最低だった。1987年の民主化以前でも4割程度が普通だっただけに、底割れした感がある。

興味深いのが世代差だ。「韓国に親しみを感じる」という回答が18〜29歳では45・7%あるのに、70歳以上では17・4%。3倍近い格差である。他の年代も見ると、30代32・5%、40代27・1%、50代28・9%、60代24・7%だった。年齢が高くになるにつれ、韓国への見方が厳しくなる傾向が一目瞭然である。男女の差も大きく、男性が22・3%であるのに対し、女性は30・5%だった。

朝日新聞は2019年9月の世論調査でストレートに「韓国を好きか、嫌いか」と聞いた。「好き」が13％、「嫌い」29％、「どちらでもない」56％だった。ここでも世代による違いは歴然としていた。朝日新聞は「18〜29歳は『好き』が23％で、『嫌い』より多い。『嫌い』は、高い年齢層に多い傾向がみられ、70歳以上では41％が『嫌い』と答えた。特に女性は、18〜29歳、30代ともに『好き』が2割を超え、『嫌い』を上回った。男性も18〜29歳では『好き』が2割で、他の年代より高い。一方、40代以上は『嫌い』が『好き』を大きく上回り、男性では50代以上の4割が『嫌い』と答えた」と伝えた。

「嫌韓ネトウヨ」実はこんな人だった

「嫌韓」という言葉に明確な定義があるわけではない。韓国に対するマイナスイメージの投影であることは確実だが、「韓国疲れ」程度の感情からヘイトスピーチまで幅広く使える。ヘイト的行為は問題だが、これもＳＮＳへの書き込みからヘイト団体やデモへの参加まで、ある程度のグラデーションがある。

ここではまず、朝鮮学校への補助金交付を求める声明などを日弁連や各地の弁護士会が出した後に、大量の懲戒請求が申し立てられた２０１７年の事例を見てみよう。

この年には、弁護士資格の剝奪などを求める懲戒請求が例年の約40倍となる13万件も申し立てられた。申し立てたのは約１０００人で、在日コリアンへのヘイト書き込みを繰り返すブログにあおられての行動だった。

この人たちは逆に、理由のない申し立てをしたとして各地の弁護士から損害賠償請求訴訟を起こされた。２０１９年10月には、在日コリアンの弁護士が東京都の男性に55万円の損害賠償を求めた訴訟で、「民族的出身に対する差別意識の発現」だとして11万円の賠償を命じた判決が最高裁で確定した。

この問題を取り上げた２０１８年10月29日のＮＨＫ番組「クローズアップ現代＋（プラス）」によると、ブログに用意された懲戒請求書のひな型に約１０００人が署名・なつ印し、ブログを経由して各地の弁護士会に大量に送り付けたという。声明を出した弁護士会幹部とともに、声明とは無関係な在日コリアンの弁護士も標的にされた。

ＮＨＫが調べたところ、４７０人の住所などが判明。地理的には全国各地に広がっていて、平均年齢は55歳、およそ６割が男性だった。公務員や医師、会社経営者など幅広い層にわたっていたという。

自身への懲戒請求を申し立てた712人を相手取り、損害賠償請求訴訟を横浜地裁で起こした神原元《はじめ》弁護士も「ヘイトスピーチは若者が憂さばらしでやっているというのは勘違いだ。むしろ、ある程度の社会的地位を持つ50代以上というケースが多い」と話す。

神原弁護士が2019年4月に開いた記者会見では、事前に謝罪してきたという男性が自らの体験を語った。

男性は、定年退職後にネットサーフィンをする中で嫌韓的なブログを読むようになった。そしてブログを書いている人物を「保守右翼の大物」だと感じるようになり、「信者」としてブログの指示通りに懲戒請求などを送り続けた。「自分なりの正義感と、日本のためによいことをしているという一種の高揚感もあった」。男性は、そう語った。

当時の心境については、「それまで多かった友人や、仕事の仲間、取引先というものが、65歳をすぎて一切なくなってしまった。社会に参加していない、疎外されているようなところがあった。しかし、（ブログに従う行動を取ることで）自分は社会とつながっているんだという自己承認を新たにしたというような意識が働いて、一線を越えてしまったのではないか」と振り返った。

ライターの鈴木大介氏が、2019年春に亡くなった父親について朝日新聞のインタビューで語った内容も興味深い(『朝日新聞』2019年10月20日付朝刊「耕論」)。

鈴木氏は「父は晩年、ネット右翼的な言動が著しく増えました。韓国や中国への批判や女性を軽視した発言が多く、韓流ドラマは『くだらない』。僕の取材テーマだった若者の貧困については、『自己責任だ』と眉を寄せました」と明かす。

父親のパソコンの「デスクトップには『嫌韓嫌中』というフォルダーがあり、ブックマークは右寄りニュースのまとめサイトで埋まってい」たという。

名門大学出身で企業戦士だった父親はノンポリだったが、62歳で退職後に同世代の友人との交流が増え、「その頃から、言葉の端々に右翼的な物言いが増え、枕元に右派の雑誌が置かれるようになった」。

その一方で憲法改正を主張したり、靖国神社に参拝したりするわけではなかったそうだ。

鈴木氏は「父や周囲の同世代男性にとってネトウヨ的言説は酒の肴《さかな》的な共通言語であり娯楽だったのでしょう」と分析している。

なぜ「嫌中」は盛り上がらないのか

韓国認識に世代間ギャップが存在する理由について、私は前述した通り、中高年以上の日本人が「上から目線」を捨てきれないからではないかと考えている。神原弁護士も「社会から疎外されたという感覚を持ったとしても、嫌韓以外にもはけ口はある。やはり『昔の韓国』のイメージを持っている世代ということが大きいのではないか」と話す。友人の韓国研究者からは「韓国はもう立派な国になったんだから、きちんと対応してもらわないと困るという感情を強く感じる」という声も聞いたが、国力の上下をベースにしている点で「上から目線」の変形パターンと言えるのではないか。

ただ日本の排外主義についての研究はまだ緒に就いたばかりであり、他の要因が作用している可能性もある。それに、排外主義に詳しい徳島大の樋口直人准教授によると、欧米の研究では年齢に比例して排外的になる傾向が強いことがわかっている。日本の研究でも同様の傾向を示す結果が多いそうだ。

一方で、欧米での調査結果とは異なる傾向を示す部分もあるのだという。ひとつは、日本では学歴や収入は排外的になるかどうかにほとんど関係ないことだ。樋口准教授は「社会経済的地位の低い層が排外主義の基盤になるという、ジャーナリズムや社会評論で繰り返されてきた言説を否定するもの」だと見ている。この点については、弁護士への懲戒請求を申し立てた人たちに高学歴の専門職が少なくなかったことを見ても明らかだろう。

樋口准教授が参加したプロジェクトで２０１７年末に実施した７万７０００人規模のネット調査では、反韓国・反中国を掲げる排外運動や韓国、米国といった国に対する感情温度を調査した。感情温度とは50を「中立」として、「好き」なら51から１００までのどのくらいか、「嫌い」なら0〜49のどのくらいかを聞くものだ。

樋口准教授から提供を受けた集計結果の一部を表4と表5に示した。米国に対する感情温度は51・4で、韓国28・2、中国27・1より高い。そして米国と中国については世代、性別によるギャップがあまりないけれど、韓国については「若い方が好意的」「女性の方が好意的」ということが明確だ。

樋口准教授は、排外運動への感情温度を横軸、韓国への感情温度を縦軸に置いてさまざまな属性をマッピングした（図1）。その結果、「排外運動に否定的で韓国が好き」と

表4　米中韓に対する感情温度・世代別

年代	中国	韓国	米国
20代	32.6	36.6	51.4
30代	28.8	31.3	51.2
40代	27.2	27.9	50.7
50代	25.2	26.3	51.5
60代	24.7	23.9	52.3
70代	27.2	25.2	53.7
合計	27.1	28.2	51.4

出所:樋口直人徳島大准教授提供

表5　韓国に対する感情温度・男女別

年代	男性	女性
20代	32.3	38.2
30代	26.7	34.7
40代	24.7	31.6
50代	23.9	29.4
60代	22.6	27.2
70代	23.5	28.1
合計	24.7	32.3

出所:樋口直人徳島大准教授提供

図1　排外主義運動と韓国に対する感情温度の分布（0~100）

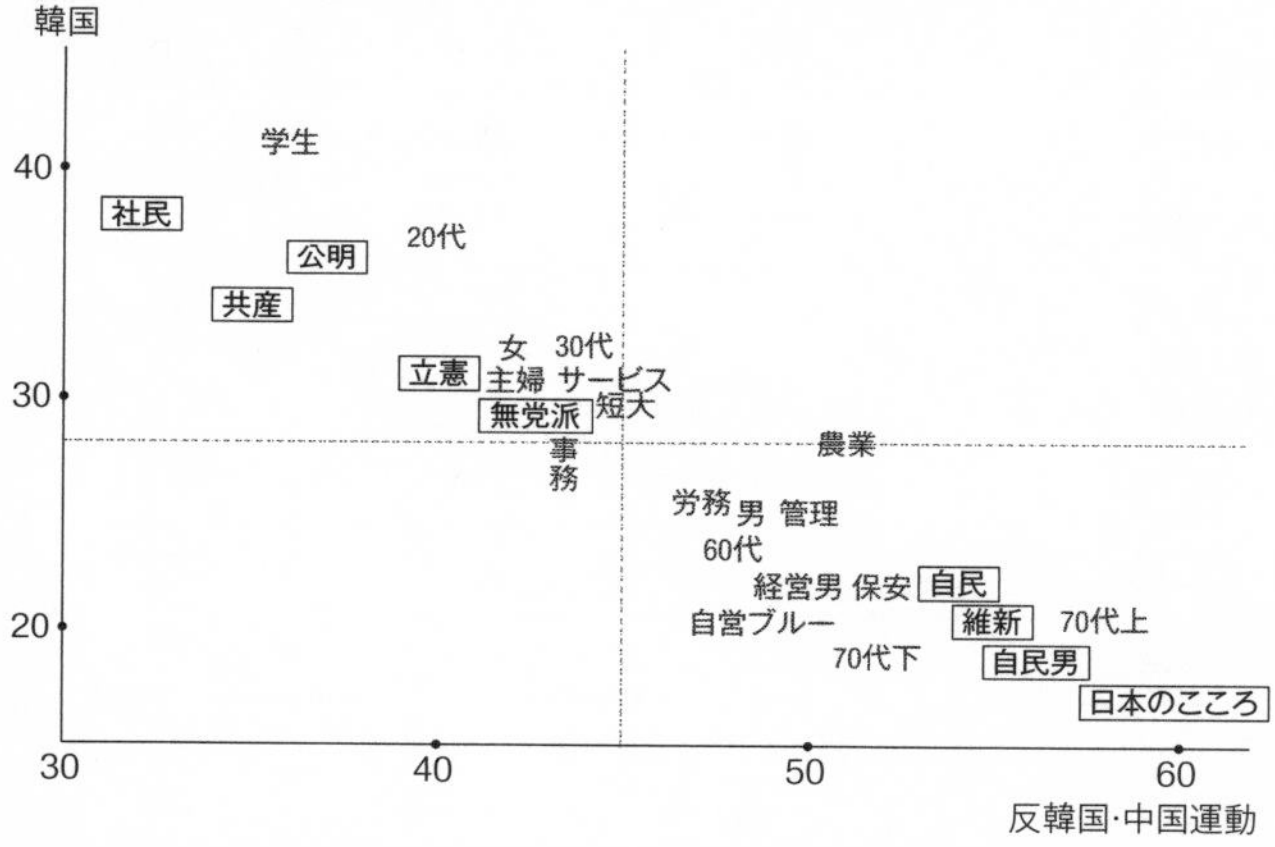

注：政党名は支持政党。上下は階層帰属意識。破線は全体の平均
出所：樋口直人徳島大准教授提供

いう左上から「排外運動に好意的で韓国は嫌い」という右下へかけて、きれいな分布ができた。

女性は「排外運動に否定的で韓国が好き」という傾向を持ち、男性は反対。年齢についても、高齢になるほど排外的になった。一方で学歴や世帯収入は大きな影響を与えていない。職業については、「学生が年齢効果以上に突出して反排外に位置しているほかは、農業、管理職、自営ブルーカラー、経営者、保安職が一定程度排外的とみなしうる」とされた。

もっとも分散するのは支持政党との

関連だった。社民党、公明党、共産党、立憲民主党の支持者は「排外運動に否定的で韓国が好き」という左上に位置するが、自民党や日本維新の会、日本のこころ支持者は逆の右下に入る。

樋口准教授は「（各政党の）イデオロギー的立ち位置をきわめて忠実に反映しており、階層よりも政治を媒介にした排外主義として今後分析されるべき」と語る。

さらに、欧米では高学歴であるほど反移民感情が弱いとされるのに対し、日本では高学歴である管理職や経営者層も右下に入る傾向がある。この点については「保守的な考えとの親和性の影響が強いのではないか」と考えられるという。

世代間ギャップの問題について、もう少し考えてみたい。

「外交に関する世論調査」での韓国への親近感の世代間ギャップが、明確に出てくるのは２０１２年からだ。２０１１年調査で「韓国に親しみを感じる」と答えたのは、20代61・４％、60代61・７％、70歳以上54・４％。20代と60代はほぼ同じだし、70歳以上が少ないといっても20代との差は7ポイントだけだ。

ところが、２０１２年調査では20代53・８％、60代37・５％、70歳以上23・８％となる。

調査が行われたのは李明博大統領の竹島上陸や天皇陛下への謝罪要求発言から1カ月半ほどの時期だったので、全体的に落ち込んだことは驚くに値しない。

それでも20代は7・6ポイント減なのに、60代と70歳以上の落ち込みはそれぞれ24・2ポイント、30・6ポイント。結果として20代と70歳以上の格差は30ポイントに広がった。

こうした世代間ギャップは、2012年以降の継続的なトレンドとなっている。2019年調査も前述の通りで、18～29歳と70歳以上では28・3ポイントもの差がある。

比較対象になりうるのが、「中国に親しみを感じる」人が急減した年だ。天安門事件の起きた1989年と、尖閣諸島沖で日本の巡視船と中国の漁船が衝突したことに端を発し、中国がレアアースの対日輸出を制限した2010年である。

1989年調査で「親しみを感じる」は前年比16・9ポイント減の51・6%。全世代の中で20代だけが5割を切ったが、それでも20代と70歳以上の差は8・9ポイントだった。2010年の場合は前年比18・5ポイント減の20%にまで落ち込み、世代間の違いはほとんどなかった。

樋口准教授は「韓流の影響が見られるのではないか」と話す。韓国については若年層の感情悪化にブレーキをかける「韓流」があるけれど、中国にはそうしたものがないからだ。

一方で、中国と韓国では好感度の低さは大差ないのに、ヘイト的な行為が行われるのは圧倒的に対韓国だ。韓国との摩擦の原因が歴史問題に限定されるのに対し、中国についてはさまざまな要因があることが原因ではないかと考えられているそうだ。歴史問題は「反日で言いがかりをつけてきた」という反発につながりやすいからではないかという。

ただ韓国側の視点から見ると、違う解釈がされそうだ。中国は国力が強いけれど、韓国はそう認識されていない。だから日本は中国には弱腰なのに、韓国に対しては強気で押してくる。多少的外れではないかと思える時でも、韓国では大まじめに語られる見方だ。儒教の影響で、序列意識が極めて強いことが背景にあるのだろう。「1965年の韓国とは比較にならないくらい国力が強くなったのだから、日本との関係は見直されるべきだ」という意識と同根である。

伸びるチーズが「インスタ映え」するとして人気があるチーズドッグ「ハットグ」を食べる若者(2019年7月、東京の新大久保で北山夏帆撮影)

エピローグ：日韓は仲良くする「べき」なのか

安倍首相の祖父が日韓正常化を急いだ理由

安倍晋三首相の祖父である岸信介は１９６０年の首相退任後、韓国との国交正常化を急ぐべきだと各地の講演会などでぶちあげていた。「釜山まで共産主義が浸透してきたときの日本の地位を考えるとき、ことに近接した中国地方の山口県などからみると、非常に治安上、重大な問題だ」という安全保障上の危機感が背景にある。

朝鮮戦争（１９５０～53年）では、北朝鮮軍が開戦直後に釜山近郊まで攻め込んだのだから当時としては絵空事ではなかったろう。日清、日露という明治期の戦争はどちらも朝鮮半島を巡る争いだったのであり、歴史的に見ても岸の考えは不思議ではない。

韓国では、１９６１年に軍事クーデターを起こした朴正熙が権力を握っていた。岸は講演で、「革命を起こした朴正熙その他の連中がやっていることは、ある意味からいって《自由韓国》を守る最後の切り札だ。（中略）そういう状況からいうと、日本と韓国の国交が正常化して、そして相当な経済援助を日本とアメリカとがいっしょにやって、韓国の経済基礎を作ってやらねばならない。（中略）朴政権がうまくいかなくなったときには大変なことだ。いまをおいてそういうふうにすべきときはない」と説いて回ったという（大岡越平「『自由韓国』を守る」、『中央公論』1962年1月号）。

岸は、「さいわい韓国においては軍事政権だから、朴正熙ら少数の指導者のいうなりになる。日本が金をうんと気ばっても韓国側が請求権問題で満足することはない。したがって、ある程度の額で朴議長（朴正熙《パクチョンヒ》は当時「国家再建最高会議議長」という肩書きだった：筆者注）を納得させれば、向こうには国会もなければ、かりに新聞が反対しても朴議長はそれを封ずるのだからやれるのですよ」とも語っていたという。

実際に朴正熙は力ずくで国内の反対世論を押しつぶし、日本との国交正常化を強行した。交渉が大詰めを迎えつつあった1964年春に「植民地支配への謝罪がない」「賠償も少なすぎる」などとして「屈辱外交反対」の運動が盛り上がったのを、非常戒厳令という強硬手段で抑え込んだのだ。

日韓会談が最終盤に入った翌1965年春にも数万人規模の反対デモが繰り返されたが、朴正熙は日韓条約の調印前日に再び非常戒厳令を出して強行突破した。

朴正熙政権は経済開発の資金を必要とし、日本は岸いわく「ある程度の額」で韓国との戦後処理を終えたいと考え、ベトナム戦争の泥沼に入り込んで手が回らなくなった米国は日韓関係の安定を必要とした。最後には米国の圧力が強く作用したとはいえ、日米韓3国政府の思惑が一致した結果だといえた。

岸の発言を見れば一目瞭然だが、当時の日本側には「上から目線」があった。ただ一方で、当時の日本には「朝鮮には迷惑をかけた」という贖罪《しょくざい》意識があり、条約によって定められた義務を超えた熱心さで技術供与などに応じる経済人もいた。

浦項総合製鉄（現ポスコ）40周年となる2008年に韓国紙『中央日報』のインタビューに答えた初代社長の朴泰俊《パクテジュン》氏は、「朴正熙大統領の執念と新日鉄の稲山会長の惜しみない支援のおかげで浦項製鉄（設立）は可能だった」と語っている。朴正熙が推し進めた総合製鉄所の設立は、世界銀行から「時期尚早だ」と融資を断られるなど難航した末、日本からの国交正常化資金と技術協力によって実現した事業だった。

対米不信を背景にした朴正熙の「自主」路線はありつつも、日米韓協力の構図は冷戦末期まで基本的に変わらなかった。そして冷戦末期を境に、日本と韓国の関係を規定する要因の多くが変容した。その変化は、特に韓国側にとって大きな意味を持つものだった。

韓国が経験した冷戦末期以降の出来事をあらためて振り返ってみると、▽民主化（1987年）▽ソウル五輪（1988年）▽冷戦終結（1989年）▽ソ連との国交樹立（1990年）▽国連への南北同時加盟（1991年）▽中国との国交樹立（1992年）▽32年ぶりの文民政権＝金泳三《キムヨンサム》政権＝発足（1993年）▽OECD＝経済協力開発機構＝加盟（1996年）▽通貨危機（1997年）▽初の南北首脳会談（2000年）▽日本とのサッカー・ワールドカップ共催（2002年）――と続く。

この時点で既に日本への依存度は急速に下がっており、「脱日本」といえる現象が目につくようになっていた（澤田克己『「脱日」する韓国』）。

そして21世紀の韓国にとって極めて大きな意味を持ったのは、2010年にソウルでG20サミット（主要20カ国・地域首脳会議）を開いたことだった。103年前の1907年に起きた「ハーグ密使事件」で味わった屈辱を晴らす場となったからだ。

日韓保護条約（1905年）によって外交権を日本に奪われた不当性を訴えようとハーグで開かれた第2回万国平和会議に派遣された韓国の密使が、議場に入ることすら拒否されたという事件だ。密使を派遣した皇帝・高宗《コジョン》は、初代韓国統監だった伊藤博文によって退位に追い込まれた。1910年の日韓併合によって国を失うまでの過程において、特に大きな事件の一つだった。

だからG20サミットの時、韓国では国を挙げて喜んだ。議長を務めた李明博《イミョンバク》大統領は「開催国としての歴史的使命」を国民に語り、ソウル都心を流れる清渓川《チョンゲチョン》にはサミット成功を祈願する2万7000個の灯篭が飾られた。

事前に何本も制作された広報映像に共通するストーリーは、朝鮮戦争後の廃虚から立ち上がるために国際社会から支援してもらった韓国が、今や、リーマン・ショックからいち早く立ち直ったと欧米先進国にまで称賛されていると自賛するものだ。映像の一つは「G20　KOREA　世界の中心に立つ」と題されていた。

青瓦台でG20誘致の指揮を執った司空壹《サゴンイル》元大統領経済特別補佐官は、当時の心境をたずねた私の質問に「(ハーグ事件の時は)国際社会の一員として扱ってもらえなかった。それが、世界でもっとも影響力のある20カ国の会議の議長を務めるまでになった。感慨無量だ」と答えた(澤田克己『韓国「反日」の真相』)。

韓国は2019年10月、世界貿易機関(WTO)で発展途上国に認められている特恵を今後は主張しないと発表した。多くの国際機関や国際取り決めでは、先進国の方が厳しい義務を課されている。「先進国扱いでいい」と言い出す国はほとんどないのだが、韓国はそこからの卒業を宣言した。実利より名分を重視する韓国らしい決定だ。

経済的にも、政治的にも、韓国は昔のような弱小国ではない。日本との関係が生命線だったのは、もう過ぎ去った時代の話だ。「ロウソク革命」の高揚感の中で誕生した文在寅《ムンジェイン》政権にとって、それはもはや意識するまでもないことなのであろう。

日本にとって韓国がより「重要な国」に

ところが日本にとっての韓国の位置付けは、安全保障面では大きく変わっておらず、経済面ではむしろ重みを増している。

まず安保を考えてみよう。文在寅大統領は2019年11月にテレビの生放送で行った「国民との対話」の中で、日本とのGSOMIAについて聞かれた際に「日本は米国から(核の)傘を提供され、韓国が防波堤となっているので少ない防衛予算で自国の安保を維持している」と指摘。日本の防衛費はGDP(国内総生産)の1%なのに、韓国は2・6%にもなると語った。

日本にもっと防衛費を使えと言っているかのような言いぶりはどうかと思うけれど、「防波堤」というのは岸信介の認識と変わらない。冷戦時代には北朝鮮と背後にいるソ連の脅威への防波堤だったが、現在でも「ソ連」が「中国」に置き換わっただけだ。

問題はそれだけではない。日本にとっての直接的な脅威となった北朝鮮の問題に対処するために、韓国の協力を取り付けるかどうかは大きい。韓国の協力など不要だと切り捨てるなら、日本の負う政治・経済的コストは増大する。

米中の対立激化という状況についても、韓国がどのような態度を取るかは日本に大きな影響を与える。在韓米軍の撤退などという事態になれば、日本の安保政策は根本的な見直しを迫られる。日本の財政がその負担に耐えられるかは疑問である。

経済面でも大きな変化が起きた。日本経済新聞は輸出規制強化が発動される4カ月前となる2019年3月14日付朝刊で「韓国、日本の経済制裁警戒」という記事を国際面トップに載せた。

麻生太郎副首相兼財務相が国会答弁で、元徴用工問題での韓国への対応について「関税に限らず、送金の停止、ビザの発給停止とかいろんな報復措置があろうかと思う」と述べたことを受けた記事だ。実際に輸出規制強化の対象となったフッ化水素などが念頭に置かれているという観測は、この頃から報道されていた。

ただ日経の記事は「韓国側が身構えている」というだけの内容ではない。サブ見出しにある「水平分業　双方に打撃」という点を無視しては語れないのが現在の状況だ。サムスン電子など韓国を代表する企業が日本の部品・素材に依存しているのは事実だが、逆もまた真なりであって、日本の部品・素材メーカーにとって韓国企業は大切な大口顧客になっている。近年は東レなどが先端工場を韓国に建設しているが、大きな理由のひとつは納入先企業との協業体制を築くことだった。

日本は同年7月に輸出規制強化を発表したが、政府関係者は私の取材に対して実際に輸出を止めるつもりなどないことを当初から認めていた。あくまで元徴用工訴訟の重大性を韓国に認識させたいだけ。韓国の半導体生産に支障を与えたら、サプライチェーンでつながった世界中の工場に悪影響が出て日本が悪者にされかねないからだ。

だが韓国の反応は、日本が期待したようなものにはならなかった。韓国政府は対抗措置として産業の対日依存度を減らすための技術開発への大規模な支援を発表し、日本以外からの代替品輸入も進めた。どうしても日本製を使わざるをえない部品や素材は残るだろうが、代替品の確保が容易なものは調達先の切り替えが進んでいく可能性が高い。

国産化が難しくても、米国やドイツなどに調達先を切り替えることはできるという素材や部品、製造機械は少なくない。米化学大手デュポンは2020年1月、日本が輸出規制を強化した3品目のひとつであるフォトレジスト（感光材）を韓国で生産すると発表した。フォトレジストはこれまで日本企業が世界シェアの9割超を握っていたが、大口顧客である韓国の半導体産業への納入が減れば影響は甚大だ。日経新聞は「韓国政府は半導体材料の国産化を掲げ外資企業の工場誘致を促しており、デュポンのような動きが増えれば日本企業の競争力に影響する可能性もある」と伝えた。

韓国の部品メーカーが力を付けてきている点も無視できない。統計分類コードの種類によって若干のずれはあるが、日韓間の自動車部品貿易に関しては２０１４年ごろに収支が逆転した。ずっと日本の黒字だったのが、韓国の黒字に変わったのだ。

東日本大震災の際に日本製部品の供給中断に見舞われた韓国の完成車メーカーが日本製部品への依存度を下げたことや、韓国製部品の性能向上を受けて日本の完成車メーカーが韓国からの部品輸入を増やしたことが背景にあるという（韓成一「日本の対韓国自動車部品貿易の赤字転換と九州自動車産業への影響」『東アジアへの視点』２０１５年12月号）。

韓国における日本の存在感は、政治（安全保障）と経済の両面で１９８０年代後半から一本調子で低くなってきた。

これに対して日本にとっての韓国の存在感というのは、それほど単純ではないということだ。冷戦時代に弱小国だった韓国が国力を付けたことによって、むしろ存在感は高まったといえる。

中国の台頭という冷戦後の地域情勢は、韓国においては単純に日本の存在感低下を招いたが、日本の受け止め方は全く違う。そういった違いがあまりにも軽い韓国の対日外交を生むと同時に、日本側の対応を極めて難しいものにしている。そう考えると、むしろ日本の方が難しい立場に立たされていると言えそうだ。

日韓が仲良くするメリットはあるか

冷戦終結後に進んだグローバリズムによって、国境を超えた経済活動は当たり前になった。複数の国の工場で作られた部品で製品が作られ、世界市場に出荷される。地理的に近接し、互いに高度な技術を持つ日本と韓国の経済が密接につながるのは自然なことだ。だから韓国経済にとって日本の重要性が低下したといっても、それは程度の問題にすぎない。水平分業と相互依存が深まっているのだから、相手にダメージを与える行動はブーメランのように自分にも返ってくる。

日本の輸出規制強化は韓国半導体産業に大きな打撃を与えてはいないが、日本の素材メーカーの業績は悪化した。一方で韓国での日本製品不買運動では、日本の観光地経済だけでなく、韓国系航空会社や旅行会社なども大きな打撃を被った。

日韓両国の相手国感情が良くないとしても、経済は別の論理で動いている。しかも日本企業と韓国企業の場合、相手国との貿易や投資以外でのビジネス連携が増えてきている。例えば、サムスン電子のベトナム工場に日本メーカーが部品を納め、その完成品を米国や中国に出荷するといった具合だ。

２０１０年ごろからは、第三国でのエネルギー・資源開発やインフラ整備での日韓協力が目立っている。特に注目されるのが液化天然ガス（ＬＮＧ）の開発プロジェクトだ。英石油開発大手ＢＰの『世界エネルギー統計』によると、２０１８年の日本のＬＮＧ輸入量は１１３０億立方メートルで世界１位。これに続くのが、７３５億立方メートルの中国と６０２億立方メートルの韓国だ。

欧州のガス輸入はパイプライン経由なので、タンカーで運搬するＬＮＧは日中韓３国が世界需要の６割弱を占める。それなのに契約上の問題があって、東アジア向けは「アジアプレミアム」と呼ばれる高めの価格設定がされている。

東京電力福島第１原発事故を受けて火力発電への依存が高まっている日本にとって、温室効果ガス排出の少ないLNGを安価で安定的に調達することは重要だ。さらにアジアプレミアムを少しでも解消できれば、日中韓すべての利益になる。

そして、ちょうどいいことに日本と韓国ではLNG需要の季節的な波が補完関係にある。日本では冷房用の発電需要が多い夏場がピークだが、韓国は暖房用の冬がピークなのだ。日韓の需要を合計すると、年間を通じて輸入量を一定にできるため、購買力が高まり、輸送コストも節減できる。

2018年には三菱商事と日揮が、韓国ガス公社などとの合弁でカナダ西部の大型LNGプラントに出資することを決めた。投資総額1兆5000億円という大規模プロジェクトだ。

日韓経済協会によると、日韓合弁による第三国でのプロジェクトは2007年以降で100件近くになったという。協会は「ビジネスはビジネスの論理で動く。政治には邪魔をしてほしくない」と話す。

少子高齢化に伴う外国人労働者の受け入れや介護といった社会的な問題も、日韓に共通している。これまでは韓国が先行する日本を研究材料としてきたのだが、ここから先の少子化は韓国の方が速いペースで進む。

他の社会問題でも、韓国の方が欧米の先進事例を積極的に取り入れ、試行錯誤するという場面が増えたので、日本が韓国の事例から学ぶこともできるようになってきた。成功にしろ、失敗にしろ、身近な先行事例を参考にしない手はない。互いに相手の存在を利用できるという意味では、日韓の「共通利益」は実は大きいと言えるだろう。

日本と韓国の「本質的な違い」

日本と韓国はともに米国の同盟国であるが、日米安全保障条約と米韓相互防衛条約は基本的に意味合いが違う。

日米安保条約は第6条に「極東における国際の平和及び安全の維持」という目的が盛り込まれている通り、アジア太平洋地域における安定的な秩序維持という米国の世界戦略に組み込まれている。冷戦終結後に起きた中国の軍事的台頭に対応することなどを目的に1997年と2015年に日米防衛協力のための指針（ガイドライン）が改訂されたことは、日米同盟のそうした性格を反映したものだ。

一方で、米韓同盟は北朝鮮の脅威に対応するための局地的な同盟である。ブッシュ（子）政権の時に在韓米軍部隊を中東での紛争などに投入できるようにする「戦略的柔軟性」という概念が導入されたが、それでも基本的な性格が対北朝鮮であることは変わらない。そして日本と韓国で決定的に違うのが、中国に対する認識だろう。

韓国の対中認識は本書の主テーマではないので特に取り上げなかったけれど、中国をライバル視するような考え方を韓国で見ることはない。「中国を脅威」だとする見方はあるけれど、中国に「対抗」しようとする考え方は見られない。

常に中国から頭を押さえつけられてきた歴史からくるのか、地政学的に中国の影響力を無視することなど難しいという諦念も感じられる。

中国の側もそれは分かっているのだろう。韓国には極めて傲慢な態度を取ることがある。米国から在韓米軍への終末高高度防衛（THAAD、サード）ミサイル配備を求められた韓国の朴槿恵《パククネ》政権が苦悩していた2014年11月には、中国の邱国洪駐韓大使が韓国の国会議員との懇談会で「明確に反対する。中韓関係に悪影響を与える」と警告した。付随する高性能レーダーを問題視したとされるが、私は「東京で同じことをしたら大騒ぎになるのではないか」と驚いた。明らかな内政干渉だからだ。

それでも会合に出席した議員の一人に「大使の発言に驚いたか」と聞くと、「中国の立場は分かっていたから」と淡々と話した上で、「韓国の外交安保は米韓同盟が基盤だ。でも、中韓関係を悪化させうる軍事的行動を韓国が取った時、中国との友好関係を維持できるかという憂慮もある。大きな苦悩だ」という答が返ってきた。

北朝鮮が核・ミサイル開発を急速に進展させたことを受けて朴政権がＴＨＡＡＤ配備受け入れを決めると、中国は大規模な経済制裁で応じた。文在寅政権になって一定の関係改善は図られたが、中国の経済制裁はいまだ完全には解除されていない。文政権の側も熱心に対中関係改善を進めているわけではないのだが、根底にある対中認識は明らかに日本とは違うものである。

古代から超大国だった中国と地続きの朝鮮半島と、海を隔てた日本では歴史的経験が異なる。儒教の受容にしても、朱子学を根本に据えた国づくりが行われた朝鮮と表面的な理解にとどまった日本の違いは大きい。

文化人類学者である伊藤亜人東京大名誉教授は、中華文明の一部である韓国社会では「儒教社会における文人たちの理念重視ないし観念主義的な知的伝統」が今も残っている半面、「抽象的な概念による論理的思考と体系性・一貫性については、日本ではむしろその行き過ぎや弊害が指摘され、社会全般としては否定的であった」と指摘する。

そして「東アジアにおける地政的な条件に加えて歴史民族学的にみても、半島社会と列島社会では置かれた条件に大きな差があったことは明らかである。今日なお、社会構造や文化伝統の面でも見かけ以上の大きな差がみられる」と指摘している（伊藤亜人『日本社会の周縁性』）。

伊藤氏の指摘は、20歳の時に初めて韓国を訪れてから30年余りとなる私にとって無理のないものだ。日本と韓国を対比すると、顔や体型は似ているし、言語にも似ている部分が多い。生活文化についても類似点を探すことは難しくない。親しく付き合える友人を作るのも、ほかの国の人より圧倒的にハードルが低い。それでも、社会心理の根底にある部分については違和感を覚えてきたからだ。

日本と韓国は異なる歴史を持つ国であり、現在の国際社会における立ち位置や利害も異なる。無理に一致させることは難しいし、必要なことでもない。最初から「違う」ことを前提に考えれば、変な期待をして裏切られることもない。隣国だから仲良くしなければならないという決まりがあるわけでもない。ただ相手が嫌でも引っ越しはできないし、争うと互いに無駄な力を使うことになる。だから適切な距離感を保って、うまく付き合っていくしかない。それに、個人の付き合いと国家間の外交は全く別のものだ。

韓国への望ましい向き合い方は結局、このあたりに収れんされるのだろう。

あとがき

「韓国人は楽でいいよな。自分たちは被害者だと言えば、それでおしまい。悩まなくていいんだから」

日本の大学を休学してソウルで韓国語を学んでいた30年前、そんなふうに考えることがあった。韓国人の友人と歴史の話をすることがたまにあり、そのたびに「加害者としての日本」を考えさせられたからだ。私が直接の責任を負うものではないし、先祖をさかのぼったって庶民しか見当たらない。日本のアジア侵略に責任のあるような人々とは、間違っても接点などない。それでも日本人だというだけで、何か責められているような気がした。

一方で私は、日本人という恵まれた立場を享受してもいた。私が生まれたのは1967年。私の父は中学生の時に父親（私にとっての祖父）をなくして中学卒業と同時に就職し、夜間の工業高校を出て苦労した人だったが、私には不自由のない教育を受けさせてくれた。

高度経済成長の中で日本が豊かさを実感できるようになっていく時代に育った私は、豊かさと平和を当然のものと考えていた。

そもそも韓国語を勉強した理由は、大学3年生の夏休み（1988年）にたまたま韓国を旅行して、「日本と似ているけれど違う」隣国に関心を持ったというだけ。日本が朝鮮を植民地支配した歴史は知っていたけれど、特に強い関心を持っていたわけでもない。

ちょうどバブル絶頂期だったから、そんないい加減な理由で語学留学をしても不思議がられなかった。だが、当時の韓国はまだ貧しかったし、北朝鮮との軍事的緊張は厳しかった。韓国の友人たちは日本の豊かさをうらやみ、日本に兵役のないことをもっとうらやんだ。そして、日本人であることに安堵する私がいた。韓国に向き合う私の感情は、その時々で大きく揺れたのだ。

私はその後、大学を卒業して新聞記者となった。駆け出しの時期は韓国から遠ざかっていたし、仕事で朝鮮半島に向き合うようになった1990年代末には慰安婦問題を巡る外交的摩擦はいったん鎮まっていた。

1999年秋にソウルへ赴任した私は、史上初の南北首脳会談や日韓共催のサッカー・

ワールドカップ（W杯）などの取材に追われた。日本の中学校歴史教科書や小泉純一郎首相の靖国参拝が外交問題になることもあったが、金大中《キムデジュン》政権下では深刻な問題にはならなかった。いつしか私は、学生時代の葛藤を忘れていた。

何か、おかしなことになってきている。そのことに気付いたのは、2012年5月に韓国の最高裁（大法院）が元徴用工訴訟で従来の司法判断を覆す判決を下した頃だろうか。私は、その1年前から2回目のソウル勤務をしていた。韓国最高裁は原告の元徴用工らの敗訴だった高裁判決を破棄し、審理のやり直しを命じた。その訴訟は結局、2018年10月に原告勝訴で確定。日韓関係は一気に危機的な局面を迎えるにいたった。

私にとって韓国や日韓関係は職業的な観察対象であり、感情移入して一喜一憂すべきものではない。それでも私は、学生時代の葛藤を思い出した。

30年前に比べれば多くのことを知っているから、韓国側の考え方というか、日本の常識からは考えづらい言動につながる「しくみ」はそれなりに理解している。ただし、理解し、解説できるのと、共感するのは別である。近年は、いらだちを覚えることが多くなった。

第5章で触れた「感情温度」で考えてみたい。50を「中立」として、「好き」なら51から100までのどのくらいか、「嫌い」なら0〜49のどのくらいかというものだ。

私は、冷戦終結後に様変わりした韓国社会の対外認識を描いた2006年の著書『「脱日」する韓国』のあとがきに「100点満点で50点を境に『好き』『嫌い』を分けるなら、65点くらい」と書いた。当時は感情温度という言葉を知らなかったのだが、65度だったということになる。冷戦終結後の変化を認識していても、そこに「いらだち」と呼べるほどの感情はなかった。

初めてのソウル勤務を2004年に終えた私は、翌年からジュネーブ特派員となって4年ほど朝鮮半島取材から離れた。そして2009年秋に帰国してみると、日本では第2次韓流ブームが始まろうとしていた。女子大で教職についている友人から「学生たちが少女時代のダンスを踊っている」と聞いて目を丸くしたのも、この頃だ。経済界でも韓国企業の強さが称賛されていた。ただ、私自身の感情温度計の針が上下するようなことはなかった。

感情温度計が激しく揺さぶられたのは、2011年春から4年間のソウル勤務でだった。同年8月に韓国憲法裁判所で慰安婦問題に関して韓国政府が外交努力を尽くしていないという「不作為」を違憲だとする判断が出され、12月にはソウルの日本大使館前に少女像が立った。

翌2012年8月には李明博《イミョンバク》大統領が竹島に上陸し、「国際社会での日本の影響力も昔ほどではない」と言い放ち、天皇陛下に謝罪を要求するような発言をした。どれも大きなニュースではあったが、これくらいであれば感情温度計の針が大きく振れることはなかった。

李大統領の言動はともかく、元慰安婦や元徴用工といった人びとが過去のつらい思いに対して声を上げたくなる心情は理解できる。1965年の日韓基本条約で法的には解決済みとせざるをえないとしても、そうした人びとの心情に思いをいたすことは最低限の礼儀だろう。

日本人だって大変な思いをしたという反論を聞くこともあるが、支配者である日本人が起こした戦争に巻き込まれた朝鮮の人びとを同列に扱うことには無理がある。当時の日本は「内鮮一体」というスローガンを掲げていたものの、朝鮮には大日本帝国憲法を適用せず、帝国議会の参政権も与えなかった。

私にとって精神的にきつかったのは、こうした事象と関連して韓国側から出てくる無責任な言動だった。当事者の言葉ではない。支援団体を含む、「それ以外」の人びとが問題だった。

一つひとつを記事にするようなものではないのだが、韓国政府や政界、メディア報道は、日本の事情や思い、時には事実関係すら無視した「ひとりよがりな言葉」であふれた。明らかな事実誤認や一方的な決めつけも少なくない。

韓国社会では「正しさ」で相手を圧倒するための論理構築を意味する「論理の開発」がなにより優先される。そういうものだと分かっていても、そんな習慣のない日本社会で生まれ育った私は息苦しさを感じざるをえなかった。

都合の悪い事実から目をそむけるような韓国の態度は、私にとって受け入れがたかった。しかも近年は、日本側にまで、都合の悪い事実から目を背けようとする姿勢が目立つ。「反日」や「嫌韓」だと言われる側だけでなく、批判する側にも同じ態度を見てとれる時がある。そんな状況のただ中に置かれた私は混乱し、感情温度計の針はどんどん下がっていった。

ついに私は2014年3月5日付毎日新聞朝刊のコラム「記者の目」に、思いを吐き出した。「韓国で取材していて、『うんざりだ』と思うことが多くなった」という一文から書き始めたのだ。「うんざり」の対象は韓国そのものではなく「日韓関係の取材」ではあったが、感情温度計の針は30度台まで落ちていたのかもしれない。2015年春に帰国した時の心情には、現場から離れることへの寂しさと、精神的な圧迫感から逃れられるという安堵が入り交じっていた。

2015年4月にいったん韓国から離れたことで、私の感情温度計は再び落ち着きを取り戻したようだ。私は2015年1月と2017年5月に韓国社会の現況に関する本を出したのだが、日本専門家である韓国の友人から後者の読後感として「一昨年の本に比べると、ずいぶん優しい書き方になってるよね」と言われてハッとした。確かにそうなのかもしれないと思ったからだ。感情温度計の針が少し戻ったのだろう。特定の数字に落とし込むのは難しいが、あえて言うなら最近は45度から55度の間を行ったり来たりしているような感じかもしれない。

そして帰国後の私は、本書でも書いたように今度は日本国内での激しい対韓批判の高まりに戸惑った。私の知っている「日本」では考えられなかったような、むき出しの敵意を「普通の人びと」が見せつけるように感じたからだ。

私は、ヘイトスピーチをしたり、排外主義に陥ったりしてはならないと考える。それは自分自身をおとしめる行為だ。だが同時に、韓国に対して理不尽だと感じる人が少なくないことは当然だとも思う。

多くの日本人にとって、近年の韓国は「理解しがたい」存在になっている。一方で、政治とは無関係な文化の世界では韓国は「あこがれ」の対象にまでなっていた。こうした日本国内の分断状況も興味深い。日本というひとつの領域内に、相互に干渉しない2つの世界が存在しているようだ。

特に、前者の世界に住む人びとの目には後者が見えていないか、理解不能と見られている。あるいは「何も知らない可哀想な若い子たち」と見下されている。自分と違う側の人びとと向き合うこともなしに。

本書は、こうした「不思議」について考えてみたものだ。自分が何にいらだっているのか、背景にあるのは何かを理解していれば、感情を醜く爆発させなくてすむはずだ。「韓国に譲歩すべきだとは思わないけれど、現在の状況がなぜ生まれたのかは分かった」と読後に言ってもらえるなら、それで十分だと思う。

本書はこれまでの30年間に、日本と韓国を中心とする多くの人たちと交わしてきた会話や意見交換をベースにしている。両国の政治家や政府関係者、研究者、経済人、市民運動家それぞれの立場の方々から多くの話を聞いてきたことは私にとってかけがえのない財産だ。

取材に協力し、支援してくれた全ての人に感謝したい。本書では特に、日本の排外主義に関する調査データを徳島大学の樋口直人準教授から提供していただいたことが、日本社会の動きについて不足していた知識を補ううえで大きかった。データの解釈等で不適切な部分があったとしたら、私の知識不足によるものである。

２０１９年12月　　澤田克己

参考文献

【日本語】

安倍誠編『低成長時代を迎えた韓国』アジア経済研究所、2017年
飯塚みちか「日本の10代女子に「韓国」がこんなにウケてる「本当のワケ」」『現代ビジネス』https://gendai.ismedia.jp/articles/-/67645（アクセス日2019年10月26日）
伊藤亜人『日本社会の周縁性』青灯社、2019年
任文桓『日本帝国と大韓民国に仕えた官僚の回想』草思社、2011年（1975年の同成社『愛と民族』の復刻）
李栄薫編著『反日種族主義——日韓危機の根源』文藝春秋社、2019年
運輸省『運輸白書　昭和42年版』1967年
ヴィクター・D・チャ『米日韓　反目を超えた提携』有斐閣、2003年、船橋洋一監訳、倉田秀也訳

ＮＨＫ「紅白歌合戦」https://www.nhk.or.jp/kouhaku/index.html（アクセス日２０１９年11月10日）
大岡越平「『自由韓国』を守る」、『中央公論』１９６２年1月号
太田修『［新装新版］日韓交渉　請求権問題の研究』クレイン、２０１５年
小此木政夫『朝鮮分断の起源――独立と統一の相克』慶應義塾大学法学研究会、２０１８年
外務省『日韓諸条約について』１９６５年
金永煥『韓国民主化から北朝鮮民主化へ――ある韓国人革命家の告白』新幹社、２０１７年、馬哲訳、石丸次郎監修
木村幹「韓国は、日本の対韓感情が大きく悪化したことをわかっていない」（Ｎｅｗｓｗｅｅｋ日本版オンライン、２０１９年 https://www.newsweekjapan.jp/kankimura/2019/10/post-6.php（アクセス日２０１９年11月2日）
木村幹『高宗・閔妃――然らば致し方なし』ミネルヴァ書房、２００７年
木村幹『日韓歴史認識問題とは何か――歴史教科書・「慰安婦」・ポピュリズム』ミネル

ヴァ書房、２０１４年
木村光彦『日本統治下の朝鮮――統計と実証研究は何を語るか』中公新書、２０１８年
グレゴリー・ヘンダーソン『朝鮮の政治社会――渦巻型構造の分析』サイマル出版会、１９７３年、鈴木沙雄・大塚喬重訳
クローズアップ現代＋「なぜ起きた？　弁護士への大量懲戒請求」２０１８年10月29日、https://www.nhk.or.jp/gendai/articles/4200/index.html（アクセス日２０１９年11月10日）
澤田克己『韓国「反日」の真相』文春新書、２０１５年
澤田克己『「脱日」する韓国』ユビキタ・スタジオ、２００６年
澤田克己『韓国新大統領　文在寅とは何者か』祥伝社、２０１７年
高崎宗司『検証　日韓会談』岩波新書、１９９６年
外村大『朝鮮人強制連行』岩波新書、２０１２年
朴裕河『反日ナショナリズムを超えて――韓国人の反日感情を読み解く』安宇植訳、河出書房新社、２００５年

韓成一「日本の対韓国自動車部品貿易の赤字転換と九州自動車産業への影響」『東アジアへの視点』2015年12月号
樋口直人『日本型排外主義　在特会・外国人参政権・東アジア地政学』名古屋大学出版会、2014年
樋口直人「排外主義への社会学的アプローチ——社会学的説明の検討と日本への示唆」『エモーション・スタディーズ』第4巻Si号、日本感情心理学会、2019年
防衛研究所『東アジア戦略概観2001』2001年
防衛研究所『東アジア戦略概観2004』2004年
山本晴太、川上詩朗、殷勇基、張界満、金昌浩、青木有加『徴用工裁判と日韓請求権協定——韓国大法院判決を読み解く』現代人文社、2019年
吉川良三「日本企業はなぜサムスンに負け続けるのか」『文藝春秋　2010年2月号』文藝春秋社、2010年
毎日新聞、朝日新聞、読売新聞、日本経済新聞、産経新聞、共同通信、日経TRNDY、PRtimes

【韓国語】

国防部「国防予算推移」(http://www.mnd.go.kr/mbshome/mbs/mnd/subview.jsp?id=mnd_010401020000、アクセス日２０１９年11月16日)
文在寅『大韓民国が問う——完全に新しい国、文在寅が答える』21世紀ブックス、２０１７年、ムン・ヒョンリョル編
文在寅「ケルバー財団招請演説」２０１７年
文在寅「光復節慶祝辞」２０１９年
文化体育観光部『２０１５　コンテンツ産業統計』http://www.kocca.kr/cop/bbs/view/B0158948/1829842.do (アクセス日２０１９年10月24日)
文化体育観光部『２０１８　コンテンツ産業統計調査』http://www.kocca.kr/cop/bbs/view/B0158948/1840547.do (アクセス日２０１９年10月24日)
朴裕河『誰が日本を歪曲するのか——日本を歪曲し、私たち自身を歪曲する、そのすべてのイメージをを打ち砕く20世紀末韓国の精神分析』社会評論、２０００年

朴正煕「第5代大統領就任辞」1963年
朴正煕「第8代大統領就任辞」1972年
朴槿恵「第18代大統領就任辞」2013年
ソウル大学校統一平和研究院『2018統一意識調査』2019年 http://tongil.snu.ac.kr/xe/sub410/115103（アクセス日2019年11月11日）
李栄薫他『反日種族主義――大韓民国危機の根源』未来社、2019年
全斗煥「新年辞」1981年
統一部『文在寅の韓半島政策――平和と繁栄の韓半島』2017年
統計庁「2019年将来人口特別推計を反映した、世界と韓国の人口現況および展望」2019年
韓国コンテンツ振興院日本ビジネスセンター「日本新韓流ファンのトレンド――10、20代の韓流コンテンツ消費」『日本コンテンツ産業動向2018年14号』2018年 http://www.kocca.kr/cop/bbs/view/B0158950/1837295.do（アクセス日2019年10月24日）
韓国コンテンツ振興院「コンテンツ産業地域別年度別輸出額現況」2013年 http://

www.kocca.kr/cop/bbs/view/B0158948/1809610.do（アクセス日２０１９年10月24日）
韓国コンテンツ振興院「コンテンツ産業地域別輸出額現況」２０１１年 http://www.kocca.kr/cop/bbs/view/B0158948/1320481.do（アクセス日２０１９年10月24日）
韓日日本軍慰安婦被害者問題合意検討タスクフォース『韓日日本軍慰安婦被害者問題合意［2015.12.28］検討結果報告書』２０１７年
朝鮮日報、中央日報、東亜日報、ハンギョレ新聞、京郷新聞、毎日経済新聞、韓国経済新聞、文化日報、聯合ニュース、朝鮮中央通信

【英語】

BP, "BP Statistical Review of World Energy 2019"
Institute of Foreign Affairs and National Security of the Korea National Dipomatic Academy 'Vision 2040 Report, Unified Korea as a Global Leader', July 2014

Interbrand 'Best Global Brands 2012' https://www.rankingthebrands.com/PDF/Interbrand%20Best%20Global%20Brands%202012.pdf（アクセス日２０１９年11月10日）

Interbrand 'Best Global Brands 2019' https://www.interbrand.com/best-brands/best-global-brands/2019/ranking/#?listFormat=ls（アクセス日２０１９年11月10日）

Keith Caulfield 'BTS Scores Third No.1 Album on Billboard 200 Chart With 'Map of the Soul: Persona"', Billboard Chart Beat, 2019

Korea Herald, Nikkei Asian Review

著者紹介

澤田克己（さわだ・かつみ）

毎日新聞外信部長。1967年埼玉県生まれ。慶應義塾大学法学部卒業。

在学中、延世大学（ソウル）で韓国語を学ぶ。1991年毎日新聞社入社。政治部などを経てソウル特派員を計8年半、ジュネーブ特派員を4年務める。2018年より現職。

著書に『「脱日」する韓国』（ユビキタスタジオ）、『韓国「反日」の真相』（文春新書、アジア・太平洋賞特別賞）『新版　北朝鮮入門』（礒﨑敦仁との共著、東洋経済新報社）など多数。

反日韓国《はんにちかんこく》という幻想《げんそう》

誤解《ごかい》だらけの日韓関係《にっかんかんけい》

印　刷　2020年2月10日
発　行　2020年2月20日

著　者　澤田克己《さわだかつみ》
発行人　黒川昭良
発行所　毎日新聞出版
〒102-0074　東京都千代田区九段南1-6-17　千代田会館5階
営業本部：03（6265）6941
図書第二編集部：03（6265）6746
印刷・製本　中央精版

ISBN978-4-620-32621-4